Le monde des animaux

Susanna Davidson et Mike Unwin

Maquette : Andrea Slane et Michelle Lawrence

Collaboration à la maquette : Catherine Mackinnon

Mise en page numérique : John Russell

Illustrations : Lee Montgomery et Ian Jackson

Experts-conseil : Margaret Rostron et John Rostron

Pour l'édition française :
Traduction : Muriel de Grey
Rédaction : Renée Chaspoul et Helen Thawley

Sommaire

Liens Internet

Nous recommandons dans ce livre des sites Web grâce auxquels tu pourras approfondir tes connaissances sur les animaux, voir des clips vidéo et faire des jeux. Pour te connecter, rends-toi sur le site Web Quicklinks des éditions Usborne **www.usborne-quicklinks.com/fr** et suis les instructions, puis tape le numéro de la page qui t'intéresse.

Mode d'emploi des Quicklinks

La toundra et la taïga

Au sud de l'océan Arctique, se trouve la toundra, une région balayée par les vents. Il y fait trop froid pour que des arbres puissent y pousser et le sol reste gelé toute l'année. Au sud de la toundra s'étend la taïga, la plus grande ceinture de forêts du monde ; elle abrite des ours, des cervidés et d'innombrables petits mammifères et oiseaux.

À l'abri de l'hiver

La plupart des animaux quittent la toundra durant l'hiver. Ceux qui restent sont extrêmement résistants. Les souris et les lemmings demeurent au chaud dans leurs terriers, sous la neige, où ils se nourrissent du foin et des graines qu'ils ont amassés pendant l'été. Le lièvre arctique passe l'hiver à la surface. Sa fourrure épaisse lui tient chaud : il en a même entre les doigts. En cherchant à manger, il suit toujours les mêmes chemins, creusant ainsi des traces profondes dans la neige.

Le lièvre arctique possède de grosses pattes postérieures qui l'empêchent de s'enfoncer dans la neige.

Troupeau de wapitis mâles à l'orée de la taïga. Ils ont de longues pattes grêles qui les aident à se frayer un chemin à travers la neige profonde.

Un complément en minéraux

De nombreuses espèces de cervidés, y compris l'élan, le caribou et le wapiti, vivent dans la taïga. En hiver, quand la nourriture se fait rare, ils se rabattent sur l'écorce et les brindilles. Puis, vers la fin de l'hiver, ils perdent leurs bois. Il leur arrive de les ronger pour absorber les minéraux qu'ils contiennent.

Liens Internet
Une fiche sur le lièvre arctique.
Pour le lien vers ce site, connecte-toi à :
www.usborne-quicklinks.com/fr

Avec sa fourrure blanche, le renard polaire est difficile à distinguer dans la neige.

Une tenue de saison

Les prédateurs de la toundra ont du mal à trouver à manger. En hiver, les renards polaires suivent les ours polaires pour profiter des restes de leur repas, tandis que les hermines suivent leur proie à l'odeur sur de longues distances. Le pelage de ces deux animaux change avec les saisons, leur fournissant ainsi un excellent camouflage quand ils chassent.

Pelage de l'hermine pendant l'été

Pelage de l'hermine durant l'hiver ★

98 99

1. Consulte les informations données dans les encadrés « Liens Internet » de ce livre. Elles décrivent les sites Web que nous avons choisis.
2. Dans le navigateur de ton ordinateur, tape l'adresse **www.usborne-quicklinks.com/fr**
3. Sur le site Web Quicklinks des éditions Usborne, suis les instructions pour accéder à ce livre.
4. Tape le numéro de la page qui t'intéresse. Quand le lien apparaît, clique dessus pour avoir accès au site recommandé.

Les sites recommandés sont régulièrement revus et mis à jour, mais il peut arriver que l'un d'entre eux ne soit pas disponible. C'est peut-être provisoire : réessaye un peu plus tard.

Liens Internet
Une fiche sur le lièvre arctique.
Pour le lien vers ce site, connecte-toi à :
www.usborne-quicklinks.com/fr

Sur le site Quicklinks d'Usborne **www.usborne-quicklinks.com/fr** tu peux télécharger pour ton usage personnel les illustrations de ce livre accompagnées du symbole ★. Pour cela, connecte-toi au site et suis les instructions données.

Aide Internet

Pour avoir des informations et de l'aide pour l'utilisation d'Internet, clique sur Besoin d'aide ? sur le site Web Quicklinks d'Usborne. Tu trouveras là des informations sur les modules externes – des logiciels gratuits permettant de consulter des sites contenant du son, des vidéos ou des animations. Si tu ne les possèdes pas déjà, tu peux les télécharger gratuitement à cet endroit. Tu y trouveras également des informations sur les virus informatiques et des conseils sur les logiciels antivirus te permettant de protéger ton ordinateur.

Que contiennent ces sites ?

Voici quelques exemples de ce que tu pourras faire sur les sites qui sont recommandés dans ce livre :

- voir des clips vidéo de toutes sortes d'animaux
- te renseigner sur la fascinante danse des abeilles
- écouter le cri de nombreux animaux
- explorer les grands fonds
- voir de superbes photos d'animaux
- te documenter sur les manchots

La sécurité sur Internet

Pour plus de sûreté, en consultant Internet, respecte les quelques consignes ci-dessous :

Demande la permission d'une grande personne avant de te connecter.

Ne divulgue aucune information personnelle, par exemple ton vrai nom, ton adresse, ton numéro de téléphone ou le nom de ton école.

Si un site Web te demande de taper ton nom ou ton adresse e-mail pour te connecter ou t'inscrire, demande d'abord la permission d'une grande personne.

Si tu reçois un E-mail d'un inconnu, ne réponds pas et préviens un adulte.

Note à l'intention des adultes Les sites décrits dans ce livre sont vérifiés et mis à jour régulièrement, mais leur contenu peut changer inopinément et les éditions Usborne ne sauraient être tenues responsables du contenu de tout site autre que le leur. Nous recommandons aux adultes d'encadrer les jeunes enfants lorsqu'ils utilisent Internet, de leur interdire l'accès aux forums de discussion (chat rooms) et d'installer un logiciel de filtrage Internet pour bloquer tout contenu indésirable.

La planète des animaux

La Terre est la seule planète qui, à notre connaissance, abrite des êtres vivants – et elle en renferme une foule innombrable. Les animaux sont partout, du sommet des plus hautes montagnes au fond des océans les plus profonds.

On trouve même des animaux jusque dans l'Antarctique, la région la plus froide de la Terre. Ces manchots Adélie se préparent à plonger dans l'océan Austral glacial qui entoure l'Antarctique.

Dans quel milieu ?

Certaines espèces d'animaux prospèrent presque partout. On trouve des loups dans l'Arctique glacial et dans les déserts brûlants, dans les forêts épaisses et dans les steppes découvertes. D'autres espèces sont beaucoup moins répandues car pour survivre, il leur faut un milieu particulier. Les grands pandas, par exemple, ne vivent que dans les forêts de bambous de la Chine.

Le tigre du Bengale ne survit que dans la brousse épaisse ou dans les forêts. On le trouve en général aux alentours de points d'eau, où il chasse les animaux qui viennent s'abreuver.

De nouvelles découvertes

Les scientifiques découvrent constamment de nouvelles espèces. En 1977, ils ont ainsi fait une trouvaille spectaculaire. Dans l'obscurité complète, au fond des océans, des animaux vivent autour de sources hydrothermales, malgré les gaz toxiques et l'eau bouillante qui s'en échappent. On a dénombré diverses espèces de crevettes et de bivalves, ainsi que des vers tubicoles.

Liens Internet

D'autres informations sur la faune des sources hydrothermales, avec des photos. Pour le lien vers ce site, connecte-toi à : **www.usborne-quicklinks.com/fr**

Sur cette image, sont représentés les animaux découverts autour de sources hydrothermales. Le nuage se compose d'eau bouillante et de minéraux. Ces derniers servent d'aliments à des bactéries, dont se nourrissent à leur tour des crevettes, des bivalves et des vers tubicoles.

Des paradis tropicaux

Les animaux ne sont pas répartis uniformément sur la Terre. Les forêts tropicales humides, à climat chaud, sont le milieu le plus propice à la vie animale dans le monde. Elles recouvrent seulement 6 % de la surface de la Terre, mais abritent 50 % des espèces.

Sur le sol de la forêt, des mammifères de toutes les tailles ainsi que d'innombrables insectes se nourrissent de végétaux ou d'autres animaux.

Le sommet des arbres abrite des oiseaux et des papillons, ainsi que des animaux grimpeurs comme les singes et les tamanduas.

Des animaux étonnants

Les animaux sont capables d'actions étonnantes. Il existe des poissons qui bondissent hors de l'eau et planent à travers les airs, des insectes qui font des sauts de 200 fois leur longueur et des oiseaux qui, tous les ans, traversent la planète dans un sens et dans l'autre. Les scientifiques continuent à mettre au point de nouvelles méthodes pour étudier les animaux et explorer de nouvelles régions de la Terre : une foule d'animaux fascinants reste donc à découvrir.

Ce lézard basilic crêté court sur l'eau grâce à son poids léger, ses grands pieds et sa vitesse.

Le règne animal

Il existe des millions d'espèces d'animaux, des minuscules acariens aux baleines bleues géantes et des serpents de mer écailleux aux grenouilles visqueuses. Pour s'y retrouver dans cette diversité, les scientifiques divisent l'ensemble des êtres vivants en catégories.

Ce jeune gibbon reste perché sur les épaules de sa mère lorsqu'elle se balance d'arbre en arbre. Comme la plupart des mammifères, sa mère s'occupera de lui jusqu'à ce qu'il soit en âge de se débrouiller tout seul.

Les animaux velus

Les êtres humains ne forment que l'une des milliers d'espèces de mammifères. Ces derniers mettent en général au monde des petits vivants qu'ils allaitent avec les glandes mammaires dont ils tirent leur nom. La plupart ont un pelage qui leur tient chaud.

> **Liens Internet**
> La classification des animaux, avec un questionnaire pour tester tes connaissances. Pour le lien vers ce site, connecte-toi à :
> **www.usborne-quicklinks.com/fr**

Une peau écailleuse

Les serpents, les crocodiles, les lézards et les tortues sont tous des reptiles. Certains mettent au monde des petits vivants, mais la plupart pondent des œufs. Ils ont une peau sèche et écailleuse et le « sang froid » : la température de leur corps n'est pas constante. Pour survivre, ils doivent passer constamment du soleil à l'ombre.

Ce lézard se prélasse sous le soleil matinal pour se réchauffer.

Au milieu de la journée, quand il fait très chaud, il se met à l'ombre.

Plumes et œufs

Les oiseaux sont les seuls animaux à plumes. Ils possèdent tous des ailes mais certains ne volent pas. Ils pondent des œufs, en général dans des nids qu'ils construisent dans les arbres ou au sol. S'ils transportaient leurs petits dans leur ventre, ils seraient trop lourds pour voler.

Ces jeunes gobe-mouches ouvrent grand le bec pour que leur mère les nourrisse.

Les arthropodes

Les arthropodes, que nous appelons parfois « petites bêtes » ou « bestioles », sont un groupe d'animaux terrestres qui représente les quatre cinquièmes des espèces animales connues. Ils ont une enveloppe coriace et au moins six pattes. Les différents types se distinguent par le nombre de pattes.

Ce diagramme indique comment les scientifiques divisent les arthropodes en sous-catégories. Il montre bien que les arachnides et les myriapodes ne font pas partie des insectes.

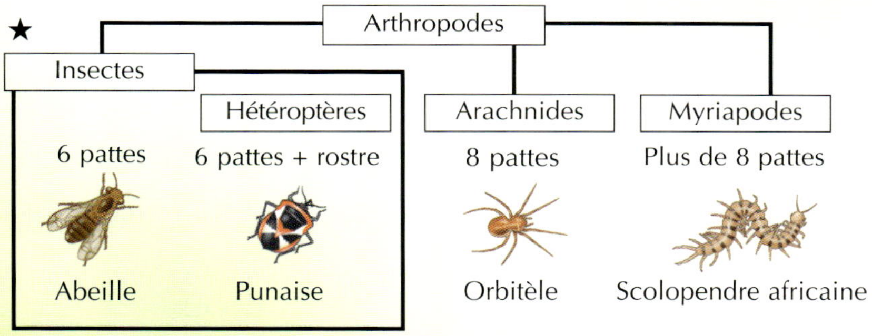

Dans l'eau

De multiples espèces d'animaux vivent dans l'eau : des poissons, des homards et des méduses, mais aussi des mammifères comme les lions de mer et les dauphins. Certains, les amphibiens, vivent aussi bien à l'air que dans l'eau. Parmi ceux-ci on compte les grenouilles, les crapauds et les tritons.

Ce sonneur à ventre rouge vit dans l'eau au printemps et en été, mais s'enfouit dans la terre meuble en hiver.

La locomotion

Des grands bonds rapides du guépard à la lente reptation de la chenille, les animaux ont des modes de locomotion divers et plus ou moins efficaces. Ils correspondent tous cependant à leurs besoins particuliers.

Liens Internet

Une fiche sur la locomotion des serpents. Pour le lien vers ce site, connecte-toi à :
www.usborne-quicklinks.com/fr

Grâce à ses énormes pattes palmées, cette grenouille plane dans les airs. Elle peut ainsi parcourir jusqu'à 15 mètres d'un arbre à un autre.

D'arbre en arbre

Certains animaux arboricoles, dont des espèces de grenouilles, de lézards et d'écureuils, ont les membres ou les doigts reliés par une membrane. Ils peuvent ainsi planer d'arbre en arbre. Quand ils sautent, ils étirent ces membranes comme un parachute pour ralentir leur chute.

À toutes pattes

Les animaux se déplacent sur leurs pattes de différentes manières. La plupart des bipèdes, comme le kangourou, sautent à pieds joints, mais certains avancent une patte après l'autre. Les quadrupèdes avancent en général les pattes diagonalement opposées (par exemple la patte avant gauche et la patte arrière droite). Les animaux qui possèdent de nombreuses pattes, comme le mille-pattes, avancent d'abord celles de derrière et finissent par celles de devant, ce qui donne une impression d'ondulation.

Ces impalas sont des coureurs rapides qui étendent leurs pattes de devant et de derrière, avant de les rassembler pour faire de grands bonds.

En glissant

Les vers et les serpents, dépourvus de pattes, glissent sur le ventre au moyen des muscles puissants de leur corps. Les vers avancent en ligne droite en étirant et en contractant leurs muscles par vagues le long de leur corps. La plupart des serpents se déplacent par ondulations latérales en prenant appui sur les petits cailloux ou les aspérités du sol.

Ces boas arboricoles grimpent aux arbres et s'y suspendent grâce à leurs muscles d'une puissance incroyable.

En altitude

Seuls les animaux aux ailes bien développées sont capables de voler. Il existe de nombreuses espèces volantes chez les insectes et les oiseaux, mais chez les mammifères, les chauves-souris sont les seules. Tous les animaux volants sont dotés d'un corps léger et de muscles puissants pour mouvoir leurs ailes.

Des formes de nage différentes

De nombreux animaux marins, comme les poissons, les requins et les dauphins, possèdent un corps fuselé qui leur permet d'évoluer dans l'eau avec aisance. Ils se propulsent avec leur queue et se servent de leurs nageoires pour se stabiliser et changer de direction.

Les calmars, les poulpes et les méduses se propulsent en expulsant l'eau qu'ils ont aspirée dans leur corps. Cette action les fait avancer dans la direction opposée.

★

Le corps creux de la méduse se remplit d'eau.

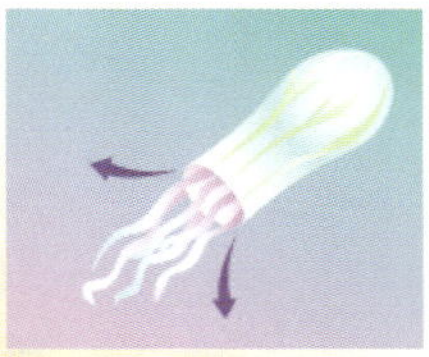

En expulsant l'eau, l'animal remonte.

L'alimentation

Tous les animaux doivent manger pour vivre. Beaucoup sont dotés de dents qui leur permettent de déchirer, de mâcher ou de broyer les aliments. Les animaux édentés sont en général pourvus d'un bec avec lequel ils happent la nourriture, ou d'une longue langue souple.

Ce mandrill à l'aspect étrange arrache des feuilles et les garde dans les abajoues (des poches situées dans la bouche) en attendant de trouver un endroit sûr où les manger.

Les chasseurs

Les prédateurs sont des animaux qui chassent d'autres animaux. Ils s'y prennent de diverses manières : certains comptent sur leur rapidité et leur acuité visuelle, d'autres attaquent par surprise. Les carnivores sont des animaux mangeurs de viande.

★

Le grand requin blanc surprend sa proie en s'approchant par en dessous.

Les herbivores

Les herbivores sont des mangeurs de végétaux. Comme ces aliments fournissent moins d'énergie que la viande et sont moins digestes, ces animaux sont souvent dotés de molaires plates avec lesquelles ils broient leur nourriture pour mieux la digérer.

Liens Internet

Des fiches sur quelques animaux marins, décrivant entre autres la manière dont ils se nourrissent, avec un glossaire qui donne divers termes relatifs au mode d'alimentation. Pour le lien vers ce site, connecte-toi à : **www.usborne-quicklinks.com/fr**

Les martins-pêcheurs attrapent les poissons en plongeant dans les rivières. Celui-ci a fait bonne pêche. Il mangera sa prise quand il aura trouvé un endroit où se percher.

Un bec adapté

Les oiseaux se servent de leur bec pour happer leur nourriture et pour la transporter. La forme varie selon les aliments dont ils se nourrissent. Les oiseaux de proie, comme l'aigle et le hibou, ont un bec crochu et acéré avec lequel ils déchirent la viande. Le bec du martin-pêcheur a des bords en dents de scie pour agripper les poissons glissants.

D'un coup de langue

Certains animaux attrapent leur nourriture avec la langue. Les caméléons projettent la leur, qui est longue et gluante, sur des proies vivantes, puis ils la rétractent tout aussi vite pour avaler la bestiole engluée dessus. Les escargots se nourrissent de végétaux qu'ils raclent au moyen de leur langue râpeuse.

Il suffit d'une fraction de seconde pour qu'un caméléon attrape un insecte. Cette photo étonnante le montre en pleine action.

★ La sauterelle arrache des petits morceaux de végétaux avec ses mâchoires en forme de pince.

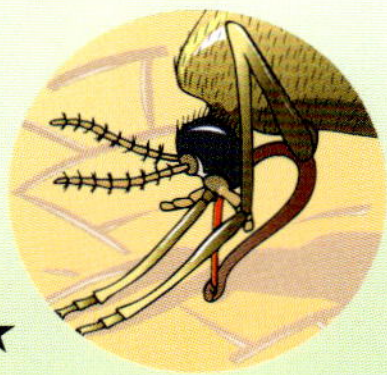

★ Avec sa bouche en forme de tube, le moustique perce la peau de sa victime et aspire son sang.

Animal ou végétal ?

Plus de la moitié des arthropodes se nourrissent de végétaux ; les autres chassent de petits animaux, souvent d'autres arthropodes. Certaines espèces mangent même des cadavres ou des excréments. Chacune possède une bouche adaptée à son alimentation.

La vue et l'ouïe

Les animaux voient et entendent de manières très diverses. Les yeux de l'hippocampe bougent indépendamment l'un de l'autre, les grillons entendent par les genoux, et chauves-souris et dauphins « voient » grâce aux sons.

Les libellules, comme celle-ci, ont d'énormes yeux composés qui s'étendent sur les côtés de la tête.

Liens Internet

Un dossier pour te documenter sur le sens de la vue chez les animaux.
Pour le lien vers ce site, connecte-toi à :
www.usborne-quicklinks.com/fr

De gros yeux

La plupart des arthropodes possèdent de gros yeux dits composés. Ceux-ci sont formés de centaines de lentilles minuscules, dont chacune voit une image différente. Le cerveau regroupe ces fragments pour former une image complète. Certains arthropodes ont des yeux supplémentaires, les ocelles, qui distinguent entre l'ombre et la lumière.

Cette mosaïque représente la fleur que voit l'arthropode avec ses yeux composés.

★

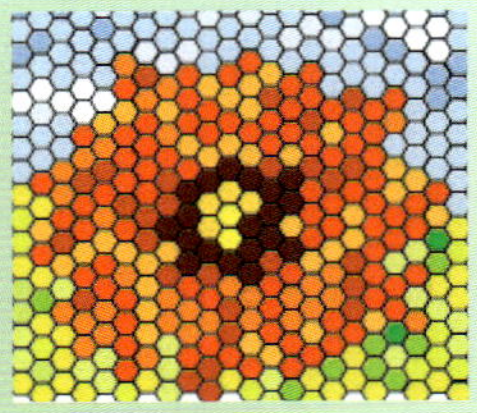

Vision nocturne

Les yeux des animaux nocturnes sont souvent disproportionnés par rapport à leur corps. C'est pour que la fente située au milieu, appelée pupille, puisse s'ouvrir grand afin de laisser pénétrer un maximum de lumière. C'est ce qui permet à ces animaux de voir dans le noir.

Loris grêles. Les pupilles de la mère et du petit ne forment plus qu'un point : cela leur évite d'être éblouis par la vive lumière de l'appareil photo.

Sur le qui-vive

L'emplacement des yeux sur la tête varie selon les animaux. Ceux des herbivores sont en général situés de chaque côté de la tête : ils peuvent ainsi guetter les prédateurs tout en mangeant. Chez de nombreux prédateurs, comme la chouette, le renard et le tigre, ils sont tournés vers l'avant. Ces espèces fixent donc le même endroit des deux yeux, ce qui rend la vue plus perçante. C'est la vision binoculaire, que possèdent aussi les êtres humains.

Le triangle foncé représente la zone de vision binoculaire de la chouette. Les parties pâles représentent les zones que voit la chouette sans avoir à tourner la tête.

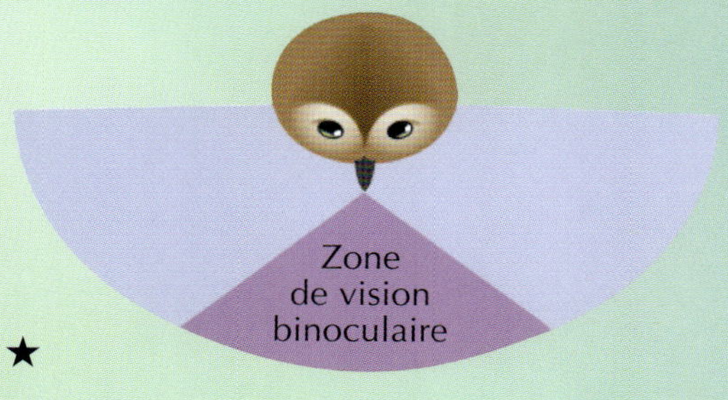

Grâce à sa vue perçante, cette chouette a repéré une souris dans l'obscurité. Elle ouvre grand les serres pour l'attraper.

Vibrations

Les animaux entendent en détectant les mouvements de l'air appelés ondes sonores. La plupart d'entre eux possèdent des ouvertures, ou oreilles externes, qui transmettent les ondes sonores à leur corps. Les oreilles des mammifères sont situées sur la tête, celles de la plupart des insectes, sur le corps ou les pattes. Les serpents n'ont pas d'oreilles, mais bien que sourds, ils détectent les vibrations produites sur le sol par les autres animaux.

Les souris ont de grandes oreilles pour mieux entendre, mais les chouettes ont un battement d'ailes silencieux. Cette souris n'entend pas la chouette s'approcher.

À vue d'oreille

Les chauves-souris et les dauphins s'orientent et repèrent leurs proies grâce au son. Ils émettent des sons aigus, qui se réfléchissent sur les objets et reviennent vers eux sous la forme d'un écho. Celui-ci les aide à repérer l'emplacement exact d'un objet.

La chauve-souris émet un son aigu.

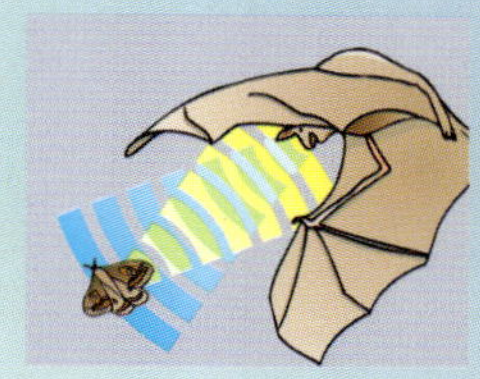

L'écho lui indique que sa proie est tout près.

L'odorat, le goût et le toucher

Les organes de ces trois sens varient beaucoup selon les animaux. Certains poissons perçoivent les odeurs avec tout leur corps. Chez les papillons, les organes du goût sont au bout des pattes. Quant aux mammifères, ils sont capables de détecter le plus faible contact grâce aux poils du museau.

Des tentacules tactiles

De nombreux animaux marins ou à corps mou, comme les escargots et les limaces, possèdent de longs appendices souples appelés tentacules, qu'ils utilisent pour prendre leur nourriture ou s'orienter. Ceux de l'anémone de mer sont piquants et paralysent la proie pour la rendre plus facile à attraper.

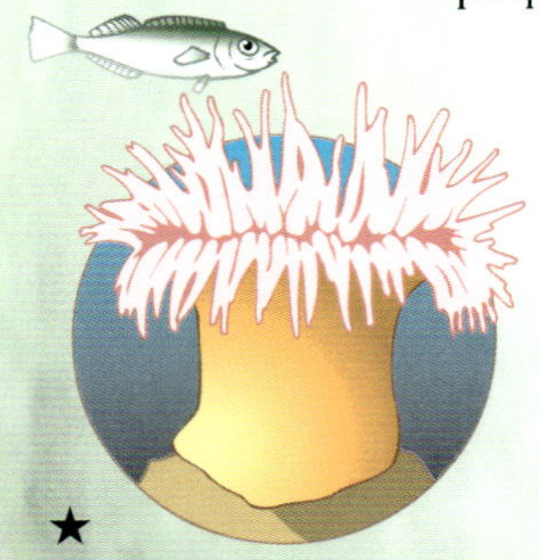

★ L'anémone de mer pique le poisson avec ses tentacules.

Ensuite, elle le saisit et l'attire dans sa bouche.

Ce gros rongeur est un paca. Il a des moustaches autour du nez et près des yeux. Cet animal nocturne a besoin de ses moustaches pour s'orienter dans le noir.

Des détecteurs

Les mammifères détectent les faibles déplacements d'air et s'orientent dans le noir ou dans les fourrés grâce à leurs moustaches longues et raides. Avec, ils peuvent aussi évaluer si un passage étroit est suffisamment large pour eux. Si ces poils passent sans s'aplatir, tout va bien, le reste passera aussi.

Liens Internet

Un site sur les insectes, qui donne des renseignements sur leurs organes des sens. Pour le lien vers ce site, connecte-toi à : **www.usborne-quicklinks.com/fr**

Ce serpent ratier goûte l'air de sa langue fourchue. Il sait ainsi quels animaux sont dans les parages même s'il ne les voit pas.

D'un coup de langue

La plupart des animaux détectent les odeurs avec leurs narines. D'autres, comme les serpents, ont pour cela un organe spécial, dit de Jacobson, situé sur le palais.

Les serpents détectent les odeurs dans l'air avec la langue. Ils les identifient en la faisant passer sur l'organe de Jacobson. Quand ils chassent, leur langue fourchue leur permet de savoir de quel côté se trouve la proie : c'est celui où l'odeur est la plus forte.

Ce schéma en coupe montre l'emplacement de l'organe de Jacobson sur le palais d'un serpent.

★

Avec les antennes

Les insectes et d'autres arthropodes, comme les crabes et les crevettes, ont sur la tête des antennes articulées souples. Très sensibles, elles sont couvertes de poils minuscules qui détectent les odeurs flottant dans l'air. Certains animaux peuvent même s'en servir pour goûter.

Ces deux fines excroissances coudées, situées sur le rostre en forme de trompe de ce charançon, sont ses antennes.

Au bout des pattes

L'odorat et le goût se complètent, et la plupart du temps les animaux détectent le goût avec leur bouche. Les insectes, cependant, le perçoivent autrement, parfois même avec le bout de leurs pattes. Pour goûter leurs aliments, il leur suffit donc de se promener dessus.

La communication

Les animaux communiquent entre eux au moyen d'odeurs, de sons et de signes. Les couleurs et les taches de leur corps peuvent même transmettre des messages. Elles leur servent la plupart du temps à trouver un partenaire sexuel ou à avertir d'autres animaux.

Ce poisson-globe essaie d'effrayer ses ennemis. Son corps se remplit d'eau et le fait paraître plus gros qu'en réalité.

Liens Internet
Pour tout savoir sur la fascinante « danse des abeilles ». Pour le lien vers ce site, connecte-toi à : **www.usborne-quicklinks.com/fr**

Attention, danger !

Les animaux venimeux ou dont le goût est détestable sont souvent ornés de taches de couleur vive, destinées à dissuader les prédateurs éventuels. Certains vont même jusqu'à changer d'apparence. Quand le poulpe à anneaux bleus est menacé, il vire d'un jaune terne à un jaune vif pour éloigner les prédateurs. Ceux-ci essaient en général de l'éviter, car il contient suffisamment de poison pour tuer 25 personnes.

Le langage du corps

Souvent, les animaux qui vivent en société communiquent entre eux au centre de systèmes de signes complexes. Les abeilles, par exemple, exécutent une danse en forme de huit, dite danse frétillante, pour indiquer aux autres où trouver de la nourriture. Plus les frétillements sont fréquents, plus la source d'aliments est proche.

Danse frétillante d'une abeille. L'abeille frétille de l'abdomen au milieu de la danse, repart à gauche pour décrire un cercle, puis à droite pour décrire un nouveau cercle, et ainsi de suite.

Les abeilles exécutent leur danse à l'intérieur de la ruche.

★

Ce poulpe à anneaux bleus ne fait qu'à peu près la taille de ta main, mais c'est l'un des animaux marins les plus venimeux.

Par le son

De nombreux animaux terrestres communiquent par le son, qui parcourt de longues distances. Le lion rugit pour défendre son territoire, le merle pousse de bruyants cris d'alarme pour avertir ses congénères d'un danger et les grenouilles mâles coassent pour attirer les femelles.

Certaines grenouilles possèdent un sac, sorte de résonateur qu'elles enflent pour amplifier leurs coassements.

Par l'odeur

Certains animaux à l'odorat développé communiquent entre eux par l'odeur. La femelle du grand paon de nuit émet une odeur puissante, ou phéromone, pour attirer les mâles. Ceux-ci la détectent à plus de 10 km de distance.

★

Antennes plumeuses du mâle du grand paon de nuit vues de près. Elles lui servent à repérer les femelles.

Ces deux jeunes chimpanzés se câlinent pour se réconforter. Comme les êtres humains, ces primates s'apaisent mutuellement par des contacts physiques.

Conversations

Certains animaux ressemblent beaucoup aux êtres humains par la manière dont ils communiquent. Les chimpanzés saluent souvent leurs amis en leur tendant la main ou en les embrassant. Ils expriment également leurs émotions par leur expression. Ainsi, ils sourient quand ils sont contents et fixent d'un regard dur ceux qu'ils sont sur le point d'attaquer.

La reproduction

Liens Internet
Un site sur le cerf élaphe où tu pourras entendre les différents brames du cerf à la saison de la reproduction.
Pour le lien vers ce site, connecte-toi à :
www.usborne-quicklinks.com/fr

Pour avoir des petits, la majorité des animaux doivent se trouver un partenaire. Les lieux de reproduction appropriés et les partenaires sont parfois difficiles à trouver, surtout lorsqu'il y a beaucoup de concurrence. Pour battre leurs rivaux, les mâles ont recours à toutes sortes d'astuces et de stratégies.

Que le meilleur gagne !

Des combats éclatent parfois entre des rivaux qui essayent de s'accoupler avec la même femelle. Les chèvres se donnent des coups de corne et les cerfs croisent leurs bois. Certains combats, dits rituels, sont cependant seulement simulés. Les serpents à sonnette (ou crotales) se dressent et s'enroulent l'un autour de l'autre. Ils essaient chacun de pousser l'autre à terre, mais ils ne se font jamais de mal.

Ces deux serpents à sonnette mâles s'efforcent chacun de terrasser l'autre. Le vainqueur pourra s'accoupler avec la femelle.

Les parades nuptiales

Chez les oiseaux, ce sont en général les mâles qui doivent faire bonne impression à la femelle. La reproduction a lieu au printemps, quand les mâles sont les plus beaux. Pour attirer l'attention des femelles, de nombreuses espèces chantent, dansent ou étalent leurs plumes pour faire admirer leur plumage : c'est la parade nuptiale.

En levant ses pattes de couleur vive, ce fou à pieds bleus espère attirer l'attention d'une femelle.

Ce tisserin apporte les dernières touches à son nid. Quand il l'aura fini, il battra des ailes pour attirer une femelle.

Des femelles exigeantes

Certains oiseaux ont de gros efforts à faire pour trouver une partenaire. Le tisserin, par exemple, construit un nid compliqué composé de brins d'herbe qu'il tisse avec son bec et ses pattes. La femelle inspecte ensuite le nid pour voir s'il lui convient. Sinon, le mâle le détruit. Il ne lui reste plus qu'à recommencer !

L'oiseau tisse d'abord une simple boucle de brins d'herbe sur une branche.

Petit à petit, il tisse d'autres brins d'herbe pour agrandir le nid.

★ Le tisserin laisse un trou au bas du nid pour pouvoir entrer et sortir.

Après l'accouplement

La plupart des animaux ne restent ensemble que pendant la durée de l'accouplement. Le cerf élaphe s'accouple avec de nombreuses femelles, mais il ne s'occupe pas des petits. Certains couples d'animaux, comme les chacals, durent cependant toute la vie. Les deux parents s'occupent des chiots : ils les surveillent étroitement et leur apprennent à chasser.

Ces chacals à chabraque se toilettent mutuellement en signe d'affection.

La croissance

Les jeunes animaux sont parfois une copie miniature de leurs parents, parfois ils subissent des transformations étonnantes en grandissant. Certains sont entièrement à la charge des parents, qui les nourrissent et les protègent, mais la plupart se débrouillent tout seuls dès la naissance.

Liens Internet
Un site qui propose plusieurs liens vers des vidéos sur la reproduction des crapauds, leurs œufs et leurs têtards.
Pour le lien vers ce site, connecte-toi à :
www.usborne-quicklinks.com/fr

Des changements étonnants

Les amphibiens, les grenouilles et les tritons pondent des œufs entourés d'une substance gélatineuse protectrice et nourricière. Pour commencer, les jeunes amphibiens sont complètement différents de leurs parents, mais en grandissant, ils leur ressemblent de plus en plus. Les pattes apparaissent en premier, puis les poumons qui leur permettent de vivre à l'air et dans l'eau.

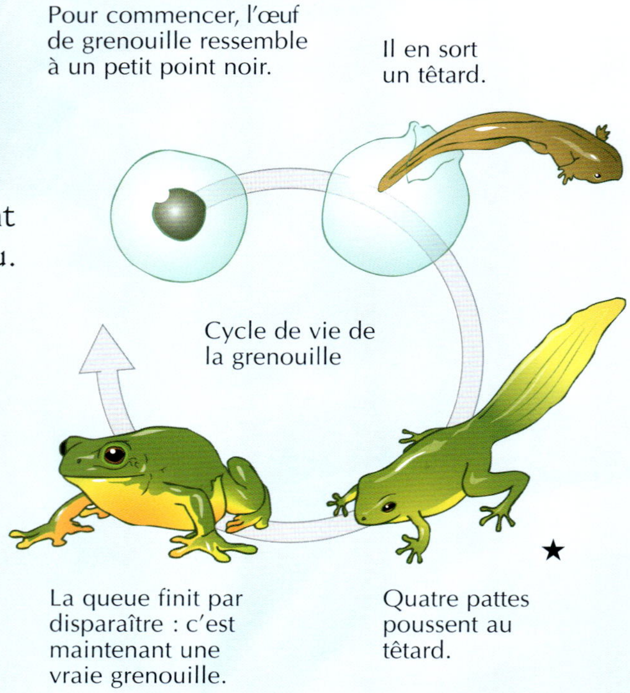

L'éclosion

Presque tous les oiseaux couvent leurs œufs pendant au moins deux semaines pour les protéger et les tenir au chaud. Lorsque l'oisillon est prêt à sortir de l'œuf, il tape sur la coquille à l'aide d'une protubérance située sur le bec, la dent d'éclosion. Comme il naît aveugle et sans plumes, il nécessite des soins attentifs.

Ce jeune manchot empereur se blottit contre ses parents pour avoir chaud. Son plumage est encore duveteux. Il n'a pas acquis les plumes épaisses de l'adulte.

L'apparition des ailes

Les arthropodes ne s'occupent pas de leurs œufs. Les papillons, par exemple, les pondent sur des feuilles, puis s'envolent. Il en sort de minuscules chenilles qui se nourrissent des plantes alentour. Quand elles atteignent une certaine taille, elles se fixent à une plante et une enveloppe extérieure coriace, la pupe, se développe. À l'intérieur, le papillon grandit et ses ailes poussent, puis il se libère.

Cette série étonnante de photographies montre une belle-dame sortant de sa pupe et s'envolant.

Les nids de serpents

La plupart des reptiles pondent leurs œufs en lieu sûr puis s'en vont. Quelques espèces, dont le cobra royal, construisent un nid et protègent leurs œufs jusqu'à l'éclosion.

Le cobra royal fait un nid de feuilles. Il y pond ses œufs et s'enroule autour d'eux.

Les jeunes mammifères

Pour commencer, les petits des mammifères sont nourris par la mère. Ils restent avec elle en attendant de pouvoir se débrouiller tout seuls. Des liens étroits se tissent entre eux : les jeunes mammifères apprennent donc en imitant leur mère.

Les lionceaux sont sans défense. Cette lionne déplace son petit afin de brouiller la piste pour tout prédateur éventuel.

Les migrations et l'hibernation

Tous les animaux affrontent les mêmes diffilcultés dans leur vie : grandir et se reproduire avant de mourir. Cependant, survivre est difficile et chaque saison apporte ses problèmes. Les animaux y font face de manières diverses. Certains entreprennent de longs voyages. D'autres se mettent à l'abri des intempéries en attendant que le temps s'améliore.

La formation de vol

Les migrations en grands groupes protègent des prédateurs. Pour les oiseaux, cela facilite également le voyage. En volant, les oies forment un V. En battant des ailes, chacune produit un courant d'air ascendant qui se propage à partir du bout de ses ailes. Ce courant donne une impulsion à l'oie qui se trouve au-dessus, l'aidant à conserver son énergie.

Oies volant en formation. Les flèches indiquent les courants ascendants.

L'orientation

Les animaux parcourent souvent de vastes distances pour se reproduire ou trouver à manger. Beaucoup font ce trajet deux fois par an, vers leur aire de reproduction et d'alimentation, et inversement. On ne sait pas exactement comment ils s'orientent. Ils s'appuient peut-être sur des points de repère tels que montagnes et fleuves, ou bien sur la position du soleil et des étoiles.

Le voyage des tortues

Certains animaux doivent accomplir un voyage incroyable dès leur naissance. Ainsi, la femelle de la caouane pond ses œufs sur les plages de Floride orientale, aux États-Unis. Quand les œufs éclosent, deux mois après, les petits se dirigent vers la mer. C'est le début d'un périple de 13 000 kilomètres qui les conduira jusqu'à leur aire d'alimentation, puis les ramènera jusqu'à la plage où ils sont nés.

Cette jeune caouane vient de plonger dans la mer. Elle sort tout juste de l'œuf, mais sait déjà nager.

À peine sorties de l'œuf, les jeunes tortues se dirigent vers la mer.

Plusieurs années après, les femelles reviennent pondre sur la même plage.

Ces grizzlis happent les saumons migrateurs qui remontent les rapides en sautant.

Bons sauteurs

L'une des migrations les plus ardues est celle du saumon. De la mer, il remonte les cours d'eau jusqu'à la rivière où il est né, luttant contre le courant et franchissant même des cascades en sautant. Au bout du voyage, les femelles pondent leurs œufs sur le lit de la rivière, dans des trous qu'elles creusent avec leur queue. Après la ponte, ou frai, elles meurent en général d'épuisement. Moins d'un pour cent d'entre elles vont retourner dans la mer et fraieront une deuxième fois.

Serpents assoupis

Pendant les froids de l'hiver, de nombreux animaux, y compris les crapauds, les ours et les serpents, se mettent en lieu sûr pour dormir. C'est l'hibernation. Durant cette période, ils n'ont pas besoin de manger, car ils ont accumulé dans leur corps des réserves de graisse suffisantes pour rester en vie jusqu'au printemps.

Liens Internet

Renseigne-toi sur la manière dont différents animaux affrontent l'hiver. Pour le lien vers ce site, connecte-toi à : **www.usborne-quicklinks.com/fr**

Ces couleuvres rayées sortent de leur terrier hivernal. L'une d'elles tire la langue pour humer les odeurs du printemps.

La vie en société

Aucun animal ne vit entièrement seul. Certains vivent en grand groupe dans lequel ils partagent le travail. D'autres vivent en solitaire, sauf quand ils se reproduisent. Mais tous dépendent d'autres espèces dans leur vie quotidienne.

Les chaînes alimentaires

Les animaux et les végétaux cohabitent au sein d'écosystèmes. Dans un écosystème, les animaux forment un chaîne alimentaire : une espèce en mange une autre, puis se fait elle-même manger. Les décomposeurs sont au bas de la chaîne. Ils décomposent les animaux et les végétaux morts et restituent à la terre les minéraux qu'ils contiennent.

Les mangeurs de viande, ou carnivores, sont au sommet de la chaîne alimentaire.

Les herbivores se nourrissent de végétaux et sont mangés par les carnivores.

Les végétaux fabriquent leur nourriture avec l'énergie du soleil.

Les décomposeurs, tels que champignons et bactéries, se nourrissent de végétaux morts et de cadavres d'animaux.

Un coup de main

Parfois, deux espèces d'animaux différentes s'entraident pour survivre : c'est la symbiose. Les poissons-clowns sont enduits d'une substance visqueuse qui leur permet de vivre parmi les anémones de mer venimeuses et qui les protège des prédateurs. Ils attirent des proies vers l'anémone de mer et nettoient aussi ses tentacules.

Ces poissons-clowns cherchent à manger parmi les tentacules de l'anémone de mer, surtout des restes d'autres poissons que l'anémone a tués et mangés.

Ces ouvrières entreposent le nectar qu'elles ont butiné dans les fleurs en prévision de l'hiver.

Chacun son travail

Les animaux qui vivent en groupes très structurés sont appelés animaux sociaux. Chaque membre du groupe a un travail précis. Dans une ruche, par exemple, la reine pond les œufs, les faux bourdons (mâles) s'accouplent avec la reine et les ouvrières (femelles) cherchent à manger.

Liens Internet
Un site très complet sur la symbiose, avec de nombreux exemples illustrés.
Pour le lien vers ce site, connecte-toi à :
www.usborne-quicklinks.com/fr

Nettoyage

Il arrive qu'une coopération s'établisse entre des animaux de très différentes tailles. Les pique-bœufs, par exemple, sont des oiseaux qui vivent sur les grands mammifères qu'ils débarrassent des insectes suceurs de sang, comme les tiques et les puces. Comme cela, le mammifère reste en bonne santé et le pique-bœuf a son repas assuré.

Cet hippotrague noir femelle laisse un pique-bœuf lui chercher des tiques dans son oreille. Un autre est perché juste sous son menton.

Dans la foule

Les animaux qui vivent en grands groupes doivent pouvoir retrouver leur partenaire dans la foule. Les 5 000 fous serrés les uns contre les autres en haut d'une falaise nous semblent identiques, mais chacun est capable de distinguer le cri de son partenaire et sait exactement où se trouve son nid.

Quand un fou retrouve son partenaire, il le touche du bec pour montrer qu'il le reconnaît.

Camouflage et mimétisme

De nombreux animaux sont ornés de taches qui leur permettent de se fondre dans leur milieu ou de faire croire aux prédateurs qu'ils appartiennent à une autre espèce. Ce camouflage les aide à trouver à manger et à éviter les attaques.

Ni vu ni connu

Les caméléons sont en général verts et tachetés et se fondent parfaitement dans le feuillage qui les entoure. Leur aspect se modifie toutefois quand la température change ou qu'ils veulent communiquer avec d'autres animaux.

Le caméléon arbore des rayures de couleurs vives pour indiquer qu'il est en colère.

★

Il vire au brun quand il fait froid. Cette couleur plus foncée lui permet de mieux absorber la chaleur du soleil.

Un pelage de saison

Certains animaux changent de pelage avec les saisons. Quand l'hiver s'annonce, le lièvre d'Amérique, par exemple, vire du brun au blanc pour mieux se confondre avec la neige.

Le pelage hivernal blanc de ce lièvre d'Amérique commence à apparaître sur les oreilles et les pattes.

Contrefaçons

Au lieu de se fondre dans leur environnement, certains animaux inoffensifs imitent des espèces vénéneuses pour éviter d'être mangés. C'est le mimétisme. Le monarque, par exemple, est vénéneux, car il se nourrit d'asclépiade tubéreuse, une plante qui rend malade la plupart des animaux. Le vice-roi en est une copie presque exacte, ce qui lui évite de se faire manger.

★

Vois-tu comment le monarque se distingue du vice-roi ? Ce dernier possède sur les ailes une raie noire supplémentaire.

Quand les zèbres se rassemblent, les raies des uns et des autres se confondent et les prédateurs ont plus de mal à en choisir un pour l'attaquer.

Des contours indistincts

Les taches qui marquent le pelage d'un animal brouillent son contour et le rendent plus difficile à distinguer. La plupart des animaux voient en noir et blanc et, bien que les taches d'un animal nous permettent de le distinguer plus facilement, elles le cachent à ses prédateurs. Le lion, par exemple, distingue mal le zèbre dans les hautes herbes à cause de ses raies noires et blanches.

Liens Internet

Quelques exemples de mimétisme, illustrés de belles photos. Pour le lien vers ce site, connecte-toi à : **www.usborne-quicklinks.com/fr**

Cette mante-orchidée, avec son corps rose et ses pattes en forme de pétales, est une réplique exacte de l'orchidée rose. Sur le bord de ses griffes de devant, on voit bien les épines qui l'aident à agripper sa proie.

Comme une fleur !

Certains animaux sont si bien camouflés qu'il est presque impossible de les repérer. Les mantes-orchidées, par exemple, des insectes prédateurs, se fondent complètement dans leur environnement. Elles ressemblent tant à des fleurs que les insectes se posent dessus pour trouver du nectar. Les griffes de la mante se referment sur eux et elle les dévore.

Ces chauves-souris se sont fait un abri avec une feuille. Elles y seront protégées de la pluie.

Habitats divers

L'environnement immédiat d'un animal s'appelle un habitat. Le même habitat offre de nombreuses possibilités d'abris. Certains animaux aménagent un endroit permanent, tandis que d'autres créent un abri seulement quand ils ont des petits.

Cette grenouille arboricole pond ses œufs dans la rosette pleine d'eau d'une plante. Elle a bien vérifié qu'elle contient assez d'eau pour les futurs têtards.

Des travaux de construction

Les animaux sont parfois des constructeurs habiles et créent des structures compliquées avec toutes sortes de matériaux. Les termites élèvent d'énormes monticules de 6 m de haut avec de la terre, de la salive et des excréments, tandis que certaines espèces de chauves-souris fabriquent des tentes avec des feuilles, qui peuvent durer jusqu'à un an.

Chauve-souris campeuse qui découpe des trous le long de la nervure d'une feuille.

Ces trous entraînent l'affaissement des deux côtés de la feuille, qui forme une tente pour s'abriter.

Des abris tout faits

Au lieu de construire un abri, certains animaux profitent de ce qu'ils trouvent. Les écureuils dorment dans les trous d'arbres, tandis que les koalas se calent au creux des branches, à l'abri de la plupart des prédateurs. Les grenouilles arboricoles trouvent des flaques d'eau de pluie au creux des plantes, tout en haut de la forêt tropicale.

À l'intérieur des plantes

Quelques animaux s'abritent dans des plantes, qu'ils protègent. Les fourmis de l'acacia, par exemple, vivent à l'intérieur des épines creuses de cet arbre. En guise de loyer, elles le défendent avec acharnement contre tout animal qui essaye de le brouter. Les fourmis sortent en masse de trous percés dans les épines et piquent l'animal pour le faire partir.

On voit ici les fourmis à l'intérieur d'une épine d'acacia.

Ces cylindres blanchâtres brillants sont les cocons contenant les larves.

Liens Internet

Voici quelques photos de termitières et d'une reine des termites. Pour le lien vers ce site, connecte-toi à : **www.usborne-quicklinks.com/fr**

Un abri pour les petits

Les animaux qui s'occupent de leurs petits ont besoin d'un endroit où les élever en toute sûreté, à l'abri des prédateurs et des intempéries. Certains construisent des nids au sommet des arbres, d'autres se cachent dans des grottes ou sous des rondins. À l'âge adulte, les renards vivent en plein air la majeure partie de l'année, mais ils creusent un terrier juste avant la naissance des petits.

Intérieur du terrier d'un renard. Cet animal creuse toujours plus d'une entrée : il dispose ainsi d'une issue de secours en cas d'attaque.

★

Les animaux menacés

De nombreuses espèces d'animaux risquent de disparaître complètement. On dit qu'elles sont en voie d'extinction. Certains animaux sont chassés pour leur fourrure ou leur chair, mais le plus grand danger qu'ils courent, c'est la destruction de leur habitat. La conservation de la nature a pour but de protéger les végétaux et les animaux, et de préserver leur habitat.

Une extinction accrue

Depuis l'apparition de la vie sur la Terre, des espèces se sont éteintes naturellement. Pendant des milliers d'années, jusqu'au début du XXe siècle, moins d'une espèce sur un million disparaissait tous les ans. Depuis, sous l'effet des activités de l'homme, ce chiffre a augmenté énormément et atteint désormais de 1 000 à 10 000 espèces sur un million par an.

Des animaux inconnus

Les scientifiques estiment qu'il existe environ 10 millions d'espèces animaux, mais ils en ont seulement identifié et décrit 1,2 million. Cela veut dire que, chaque année, des espèces disparaissent avant même d'être découvertes.

Tamarin-lion doré. Ces singes sont extrêmement rares, car les forêts tropicales où ils habitent ont été abattues. Dans les années 1970, il en restait 200 à l'état sauvage. Grâce aux efforts de conservation, ce chiffre est remonté à 1 000.

Le pistage des animaux

L'étude des animaux aide les scientifiques à savoir ce qu'il faut faire pour les protéger. Pour suivre leurs déplacements, ils leur fixent une agrafe, mais grâce aux progrès de la technologie, on peut désormais équiper les grandes espèces d'un émetteur radio. Les signaux électroniques qu'il émet permettent aux scientifiques de savoir avec plus de précision où va l'animal.

★ Pour suivre leurs déplacements, les oiseaux sont bagués.

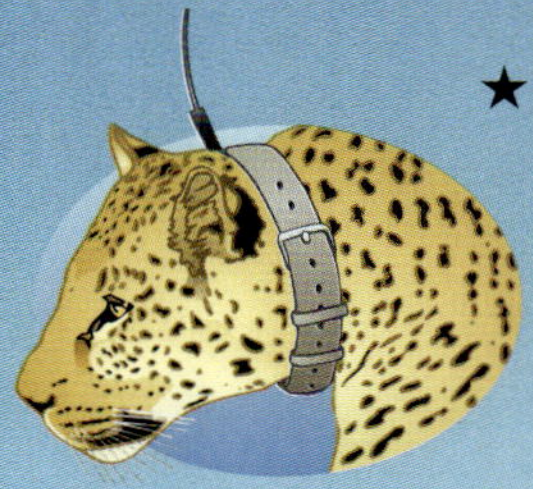

★ On place un collier émetteur autour du cou des mammifères.

Ce scientifique insère un émetteur sous la peau d'un requin-tigre. Il faut d'abord lui injecter un tranquillisant pour l'empêcher d'attaquer.

En captivité

Parfois, une espèce devient si rare que, pour l'empêcher de disparaître, la seule solution consiste à l'élever en captivité, dans une réserve naturelle ou dans un zoo. On a ainsi augmenté les populations de nombreuses espèces rares, y compris les tamarins-lions dorés, les grues caronculées, les perroquets et les faucons, ainsi que la dernière race de chevaux sauvages. L'élevage en captivité contribue aussi à sensibiliser le public aux dangers que courent les animaux.

La remise en liberté

La réintroduction d'animaux captifs dans leur habitat naturel est une tâche difficile, car ceux-ci ne savent pas toujours se débrouiller tout seuls. Il faut donc les préparer avant de les remettre en liberté. On leur apprend à trouver à manger, à communiquer avec d'autres membres de leur espèce et à ne pas compter sur les êtres humains.

Cet homme a fabriqué une marionnette de grue caronculée que le jeune oiseau prend pour sa mère. Cela l'aidera à s'entendre avec les autres grues dans la nature.

L'homme garde le visage masqué, pour que le jeune oiseau ne s'habitue pas trop aux êtres humains.

Liens Internet

Les animaux menacés de disparition sur les différents continents de notre planète. Pour le lien vers ce site, connecte-toi à : **www.usborne-quicklinks.com/fr**

L'Amérique latine

La forêt amazonienne, au cœur de l'Amérique du Sud, abrite plus d'animaux que toute autre région de la Terre. Sur ce continent, on trouve aussi des mammifères à écailles, des camélidés (famille des chameaux) couverts de la laine la plus belle et une diversité d'oiseaux spectaculaire.

Le morpho, un papillon de l'Amazonie, possède des ailes chatoyantes d'un bleu resplendissant.

Liens Internet

Tu peux voir ici une superbe galerie de photos des animaux qui peuplent les îles Galapagos. Pour le lien vers ce site, connecte-toi à : **www.usborne-quicklinks.com/fr**

Les îles Galapagos

Les îles Galapagos se trouvent à un millier de kilomètres de la côte occidentale de l'Amérique du Sud. À cause de leur isolement, on y trouve des espèces d'animaux qui n'existent nulle part ailleurs, dont les pinsons de Darwin, les lézards des laves et les iguanes marins.

Les iguanes marins sont dotés de longues griffes acérées avec lesquelles ils s'agrippent aux rochers pour ne pas être emportés par la mer.

Ces crabes grimpeurs, ou grapses, courent sur les roches noires des Galapagos. Ils se cramponnent aux rochers battus par les vagues avec les longues épines qu'ils ont au bout des pattes.

L'atèle à mains noires s'accroche aux branches avec sa queue et garde les mains libres pour manger.

Préhensile

De nombreux animaux d'Amérique du Sud, comme le tamandua et l'atèle, ont une queue préhensile. Ils s'agrippent aux branches avec. Certaines espèces de singes s'en servent même pour ramasser des objets.

L'avifaune

Plus d'un tiers des espèces d'oiseaux du monde se reproduisent en Amérique du Sud et de nombreuses autres y passent l'hiver. Les plus spectaculaires sont notamment l'ara hyacinthe, le plus grand des perroquets, le quetzal resplendissant, dont les plumes rectrices servaient autrefois de parure aux rois mayas, et le condor des Andes, dont les ailes ont une envergure de 3 mètres.

Quatre des espèces de perroquet d'Amérique latine. Il en existe plus de 150 au total.

Les Andes

La cordillère des Andes s'étend sur toute la longueur de l'Amérique du Sud, telle une épine dorsale noueuse. En dessous des sommets déchiquetés, les habitats, des glaciers aux forêts brumeuses noyées dans les nuages, sont d'une grande diversité. Dans les Andes, les animaux survivent à des altitudes incroyables : on y rencontre, jusqu'à 4 500 m, de grands mammifères comme les vigognes et de minuscules colibris.

Liens Internet
Une fiche sur l'ours à lunettes.
Pour le lien vers ce site, connecte-toi à :
www.usborne-quicklinks.com/fr

Les ailes de ce colibri péruvien battent si vite qu'elles paraissent floues.

Les oiseaux-mouches

Les colibris sont aussi appelés oiseaux-mouches à cause de leur taille minuscule. L'espèce la plus petite mesure 5,7 cm de long et pèse 2 g. Il en existe plus d'une centaine dans les Andes. Leurs battements d'ailes rapides (80 par seconde) produisent un léger bourdonnement et leur permettent de planer au-dessus des fleurs pour en aspirer le nectar.

Troupeau de vigognes dans une plaine herbeuse des Andes. Leur pelage paraît léger mais, composé de poils isolants, il est plus doux et plus chaud que celui de tout autre animal.

De petits chameaux

Les vigognes, la plus petite des espèces de camélidés, vivent en haute altitude dans les Andes, en groupes menés par un mâle unique. Ce sont des animaux bruyants, qui se préviennent des dangers par des hennissements aigus et se saluent par une sorte de bourdonnement. Pour attirer les femelles, le mâle émet un son grave et continu.

Des nids d'ours

L'ours à lunettes est le seul ours d'Amérique du Sud. Il vit dans les forêts brumeuses qui s'étendent au pied des Andes. Comme ses congénères d'autres régions, c'est un bon grimpeur. Il construit souvent des nids dans les arbres, où il dort et sur lesquels il monte pour atteindre sa nourriture.

L'ours à lunettes fait son nid avec des branches et des brindilles. Il se tient dessus pour atteindre des feuilles qui seraient autrement hors de sa portée.

★

Cet ours doit son nom aux bandes blanches qui entourent ses yeux et donnent l'impression qu'il a des lunettes.

La canopée

Dans les forêts tropicales humides, le sommet des arbres forme un toit appelé canopée. Certains animaux y montent tous les jours pour se nourrir des aliments qu'ils y trouvent en abondance, d'autres y passent toute leur vie sans avoir jamais besoin d'en descendre.

Liens Internet
Une série de clips extraits d'un film sur les fourmis champignonnistes. Pour le lien vers ce site, connecte-toi à : **www.usborne-quicklinks.com/fr**

Un bec sans pareil

Le bec magnifique de ce toucan toco est un outil précieux grâce auquel il atteint les fruits sur les branches trop grêles pour supporter son poids. Les toucans vivent en petits groupes bruyants et nichent dans les arbres creux.

Avec son grand bec, le toucan toco a du mal à voler. Il se contente donc de sautiller d'une branche à l'autre.

Folles de champignons

Les fourmis champignonnistes vivent sur le sol de la forêt en colonies, des groupes immenses. Certains membres de la colonie parcourent chaque jour de longues distances pour chercher des feuilles dans la canopée. Avec, elles font pousser un champignon dont se nourrit toute la colonie.

★

Les fourmis champignonnistes transportent les feuilles jusqu'à leur nid en les plaçant en équilibre entre les mâchoires et les antennes.

★

Le kinkajou lape le nectar des fleurs avec sa longue langue élastique.

Grimpeurs nocturnes

Même s'ils se comportent comme les singes, les kinkajous sont plus proches des ratons laveurs. Ils font des bonds rapides à travers la canopée et s'agrippent aux branches avec leur longue queue préhensile. Nocturnes, ils se nourrissent de fruits, de sève et de nectar qu'ils lapent de leur langue de 15 cm.

Le photographe qui a pris ce paresseux en plein mouvement a eu de la chance : cet animal reste immobile jusqu'à 20 heures par jour.

Pas pressé

Le paresseux tridactyle passe presque toute sa vie à l'envers, suspendu aux branches avec ses puissantes griffes crochues. Il se déplace si lentement qu'une algue pousse sur sa fourrure, lui donnant une teinte verdâtre. Grâce à ce camouflage, il se confond avec les feuilles. Cette algue contient des éléments nutritifs, qu'il lèche.

Des grenouilles à poison

Les dendrobates sont des grenouilles minuscules mais mortelles. Leurs couleurs vives avertissent les prédateurs que leur peau contient un poison. Ils vivent sur le sol de la forêt, mais pondent leurs œufs dans les flaques qui se forment dans les feuilles de la canopée. Ils y parviennent en sautant de branche en branche et en s'agrippant au moyen des ventouses qu'ils ont sur les doigts.

Ces grenouilles fraises sont de la taille d'un bourdon.

L'Amazonie

Au cœur de la forêt amazonienne, un fleuve puissant, l'Amazone, se divise en un millier de rivières secondaires et de ruisseaux. Cette région abrite d'innombrables espèces d'animaux. Certains passent tout leur temps dans l'eau, d'autres viennent se nourrir sur le sol marécageux de la forêt. L'air résonne des hurlements bruyants des aras et du vacarme des singes.

Le chœur de la canopée

Les singes hurleurs sont les plus bruyants animaux terrestres. Ils vivent en groupes au sommet de la canopée et ne descendent que pour boire. Tous les jours, à l'aube, chaque groupe entame un concert assourdissant de hurlements pour marquer son territoire. On entend leurs cris à 5 kilomètres à la ronde.

Singe hurleur roux. Ces singes sont parmi les plus grands d'Amérique du Sud, atteignant jusqu'à 1,2 m.

Liens Internet

Tu peux voir ici quelques photos de singe hurleur. Pour le lien vers ce site, connecte-toi à : **www.usborne-quicklinks.com/fr**

Attention à l'anaconda !

L'anaconda est un énorme serpent. Il guette sa proie dans l'eau peu profonde ou sur une branche d'arbre. Pour la tuer, il s'enroule autour d'elle et la serre avec ses muscles puissants jusqu'à ce qu'elle s'arrête de respirer. Après un bon repas, l'anaconda peut rester sans manger pendant un an.

L'anaconda s'enroule autour de sa proie pour la suffoquer.

Il disloque ses mâchoires pour avaler sa proie, en général la tête la première. Cela prend plusieurs heures.

Casse-noix

Les aras rouges sont de grands perroquets de la forêt tropicale aux couleurs très vives. Ils se nourrissent de fruits et de noix, en se servant de leurs pattes comme si c’étaient des mains. Avec leur puissant bec crochu, ce sont les seuls oiseaux à pouvoir briser la coquille des noix du Brésil.

Cet ara rouge fait l’acrobate en cherchant des fruits.

Des oisillons grimpeurs

Les jeunes hoatzins sont les seuls oiseaux à posséder des griffes sur les ailes. Ils s’en servent pour grimper aux arbres. Certains scientifiques pensent que l’hoatzin est peut-être l’espèce intermédiaire entre les oiseaux actuels et des oiseaux préhistoriques comme l’archéoptéryx, dont les ailes étaient également dotées de griffes. Avant l’âge adulte, ces griffes fusionnent avec l’os de l’aile et disparaissent.

Les griffes acérées situées à l’avant des ailes permettent aux jeunes hoatzins de bien s’agripper.

Ce cabiai traverse une rivière à la nage. L’oiseau sur sa tête en profite pour chercher des insectes.

Un rongeur gigantesque

Quasiment de la taille d’un mouton, le cabiai est le plus gros rongeur du monde. Il vit en groupe familial au bord de l’eau et se nourrit de graminées et de plantes aquatiques. Dès qu’un cabiai détecte un danger, il aboie pour avertir ses congénères, qui se jettent dans l’eau et se serrent les uns contre les autres pour plus de sûreté.

La faune de la savane

Ce pic champêtre est perché près de l'entrée de son nid, qu'il a creusé dans une termitière.

Une foule d'espèces d'insectes vit dans la savane d'Amérique du Sud, dont des mouches, des coléoptères et des papillons. Toutefois, les espèces dominantes sont les termites et les fourmis. Ils servent de nourriture à des animaux plus grands comme les tatous et les tamanoirs, ainsi qu'à des centaines d'oiseaux.

Des nids originaux

Comme il y a très peu d'arbres dans la savane, les endroits où nicher sont rares. Le pic champêtre fait son nid dans les termitières abandonnées. La paruline couronnée construit le sien au sol ou au sommet d'un pieu. Il ressemble un peu à un four ancien au sommet arrondi doté d'une galerie d'entrée étroite.

★

Ce couple de parulines couronnées construit son nid avec de l'argile humide et de l'herbe.

Une boule osseuse

Le tatou possède une épaisse carapace composée de plaques osseuses. Contrairement aux autres, le tatou à trois bandes se protège contre les prédateurs en se roulant en boule de manière à ne laisser voir que les plaques osseuses. Les jaguars sont les seuls à pouvoir l'ouvrir de force pour le manger.

★

Le tatou à trois bandes est entièrement recouvert de plaques sauf sur le ventre.

Quand il se roule en boule, il rentre sa tête, ses pattes et sa queue dans la carapace.

De longues griffes et une langue visqueuse

Le tamanoir, ou grand fourmilier, a des griffes si longues que, pour se déplacer, il les replie et s'appuie sur ses articulations. Avec, il creuse des trous dans les fourmilières et les termitières, puis attrape les insectes d'un coup de sa longue langue gluante.

Liens Internet

Une rubrique sur les différentes espèces de fourmiliers en Guyane. Pour le lien vers ce site, connecte-toi à : **www.usborne-quicklinks.com/fr**

★ 

Le tamanoir ne creuse qu'un petit trou. Il fait attention à ne pas détruire le nid pour pouvoir y revenir par la suite.

Ces tamanoirs cherchent des insectes. Leur aspect singulier est dû au fait que leur long museau tubulaire abrite une longue langue gluante qui leur sert à attraper les insectes.

L'Amérique du Nord

L'Amérique du Nord s'étend de l'Arctique aux tropiques. Dans le nord glacé vivent des ours et des loups, tandis qu'alligators et serpents peuplent les marécages du Sud. Les êtres humains ont en grande partie détruit l'environnement naturel, mais ils ont également créé des parcs nationaux pour préserver certaines des espèces étonnantes qui subsistent.

Les grandes migrations

De nombreux animaux parcourent des milliers de kilomètres à travers l'Amérique du Nord chaque année. Les oies des neiges quittent les aires de reproduction de l'Arctique, où elles ont passé l'été, pour se rendre dans les terres marécageuses du Sud, tandis que les monarques, des papillons, volent des États-Unis au Mexique, une distance de 3 200 km, pour échapper au froid de l'hiver.

Ces oies des neiges vont passer l'hiver dans le sud.

Tous les ans, des millions de monarques s'envolent des États-Unis pour le Mexique.

Des ratons voleurs

En Amérique du Nord, avec l'aménagement des villes et l'accroissement des terres cultivées, de nombreux animaux sont proches de l'extinction. Les ratons laveurs, cependant, se sont extrêmement bien adaptés à leur nouvel environnement. Ils se nourrissent de tout ce qu'ils trouvent, des grenouilles aux fruits ; ils entrent même par les fenêtres en soulevant les loquets, allant jusqu'à se servir dans les placards.

Avec ses taches blanches et noires autour des yeux et sa tendance à voler la nourriture, le raton laveur fait penser aux bandits masqués des dessins animés.

Des barrages

Certains animaux, en particulier les castors, modifient beaucoup plus l'environnement que d'autres. Avec leurs solides dents, ceux-ci coupent des branchages et abattent de petits arbres, puis construisent des barrages dans les cours d'eau. Au milieu du plan d'eau qui se forme, ils édifient une hutte, où ils sont à l'abri des prédateurs.

Liens Internet

Tu peux ici te documenter sur le castor : anatomie, comportement, etc. Pour le lien vers ce site, connecte-toi à : **www.usborne-quicklinks.com/fr**

Hutte de castor. Elle est faite de branchages et de boue. La galerie d'entrée est sous l'eau.

Les montagnes Rocheuses

Les montagnes Rocheuses s'étendent de l'Alaska au Mexique. Chaque étage des Rocheuses forme un univers à part : montagnes couvertes de neige, prairies estivales où broutent des chèvres et forêts, au bas des pentes, où rôdent des grizzlis et des ours noirs.

Pygargue à tête blanche avec ses grandes ailes déployées. Leur envergure dépasse 2 mètres.

Puissantes serres

Le pygargue à tête blanche vit près des rivières et des lacs des Rocheuses. Il se nourrit surtout de poissons, qu'il pêche avec ses serres crochues. Dès qu'il en attrape un, il bloque les serres dessus et ne peut les ouvrir à nouveau que lorsqu'il les appuie sur une surface dure. Ainsi, il lui est impossible de laisser glisser le poisson.

D'un pied sûr

La chèvre des Rocheuses est le seul grand mammifère d'une agilité suffisante pour survivre sur les sommets les plus élevés. Les coussinets intérieurs de ses sabots sont souples et arrondis, ce qui lui permet de bien adhérer aux rochers des pentes raides.

Le mâle et la femelle arborent tous deux des cornes acérées. En se battant durant la saison de reproduction, les mâles se tiennent côte à côte et essaient de les enfoncer dans les flancs de leur adversaire.

Cette chèvre des montagnes Rocheuses descend une pente raide. Ces animaux sont si bien adaptés à ce terrain qu'ils tombent rarement.

Ours perché

Les ours noirs possèdent de courtes griffes recourbées, idéales pour grimper aux arbres. C'est ainsi qu'ils échappent aux dangers, et c'est la première chose qu'une mère apprend à ses oursons. Ils grimpent aussi aux arbres pour y chercher des fruits, des noix et des nids d'abeilles, car ils adorent le miel.

Ces oursons se sentent en sécurité au sommet de l'arbre. Ils grimpent en enfonçant leurs griffes de devant dans l'écorce et se hissent avec leurs pattes de derrière.

La prairie

La prairie, une immense étendue herbeuse, couvrait autrefois tous les États-Unis. Elle abritait des meutes de loups et des troupeaux de bisons. Aujourd'hui, elle est en grande partie cultivée. Les bisons et les loups ont presque disparu, mais de nombreux petits animaux peuplent les parties qui subsistent.

Liens Internet
Une rubrique sur le chien de prairie, avec quelques photos.
Pour le lien vers ce site, connecte-toi à :
www.usborne-quicklinks.com/fr

Un chouette terrier !

Comme il y a peu d'arbres dans la prairie, les oiseaux se sont adaptés à la vie au sol. Ainsi, la chevêche des terriers niche et dort dans un terrier souterrain. Elle a de nombreux ennemis, y compris le renard et le furet, auxquels elle tente de faire peur en sifflant comme un serpent.

Cette jeune chevêche des terriers ébouriffe ses plumes pour se débarrasser de la poussière de son terrier.

Un bruit tonitruant

Le matin, au printemps, la prairie résonne du bruit que font les cupidons qui se rassemblent pour attirer les femelles. Ils produisent ces bruits retentissants en gonflant des poches situées sur leur cou ; ils ne s'arrêtent que lorsqu'ils ont réussi à attirer une femelle.

Le cupidon gonfle ses poches d'air orange, étale ses plumes rectrices et tape le sol avec ses pattes pour attirer une femelle.

★

Les rois de la prairie

Dans la prairie, les principaux prédateurs sont les coyotes, l'un des coureurs les plus rapides de la famille des canidés. Ce sont des animaux très bruyants. Le chef de meute se fait respecter par des aboiements menaçants. La nuit, les hurlements que poussent les meutes pour délimiter leur territoire s'entendent à des kilomètres.

Ces coyotes semblent bien agressifs, mais ils font semblant de se battre. C'est ainsi qu'ils apprennent à chasser.

★

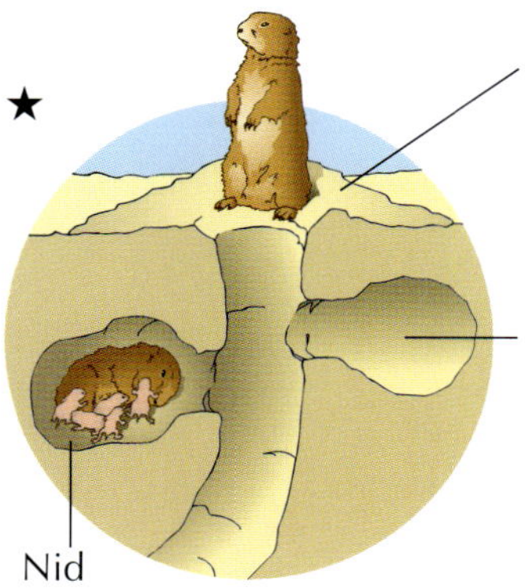

Coupe d'une galerie dans une colonie de chiens de prairie. Le monticule situé à la sortie sert aussi de poste de guet. En cas de danger, les chiens de prairie se mettent à siffler pour dire aux autres de se cacher sous terre.

Des galeries secrètes

Sous la prairie se trouvent de vastes réseaux de galeries appelés colonies, creusées par les chiens de prairie. Les galeries débouchent sur des chambres diverses, servant de nids et de chambres à coucher, de latrines ou bien de réserves où sont emmagasinées les provisions de graines de l'hiver.

Le désert de Sonora

Bien que le Sonora soit le désert le plus chaud d'Amérique du Nord, il est peuplé de plus de 2 000 espèces de végétaux et plus de 500 espèces d'animaux. Cette abondance s'explique par ses deux saisons humides : des pluies légères en hiver et de grosses averses en été.

Au frais dans son terrier

Le rat-kangourou est un petit rongeur qui saute sur ses pattes de derrière comme un kangourou. Il se met à l'abri de la chaleur diurne dans son terrier, dont il ferme l'entrée pour empêcher la vapeur d'eau qu'il exhale de s'échapper. Comme cela, l'air reste frais à l'intérieur.

Le rat-kangourou ferme l'entrée de son terrier avec de la terre, qu'il envoie de ses pattes de derrière.

On voit bien les vaisseaux sanguins sur les immenses oreilles de ce lièvre de Californie. Ils servent à le rafraîchir.

De grandes oreilles

Certains des habitants du désert de Sonora se rafraîchissent grâce à leurs oreilles. Les renards-chatons à longues oreilles et les lièvres ont de grandes oreilles fines, dotées de nombreux vaisseaux sanguins. En soufflant dessus, la brise refroidit le sang qui, en circulant, rafraîchit le reste du corps.

Le désert de Sonora au coucher du soleil. Les grands cactus sont des saguaros.

Le géant du désert

Le désert de Sonora abrite le plus grand cactus des États-Unis : le saguaro. Avec une durée de vie de 150 ans, il peut atteindre jusqu'à 15 m. Il abrite des oiseaux comme le pic chrysoïde, qui creuse des nids dans les tiges et les branches. Quand il s'en va, des insectes, des lézards ou des chevêchettes des saguaros emménagent à sa place.

Un monstre venimeux

Il existe seulement deux lézards venimeux au monde et l'un d'eux, le monstre de Gila, vit dans le désert de Sonora. Il serre sa proie dans ses mâchoires puissantes comme un étau, pendant que le venin s'écoule de sa mâchoire inférieure par les sillons dont sont striées ses dents.

Ce monstre de Gila se réchauffe au soleil. Avec ses courtes griffes acérées, il creuse des abris dans le sable.

Les Everglades de Floride

Les marécages des Everglades recouvrent l'extrémité méridionale de la Floride. Cette région abrite une foule d'espèces d'oiseaux aquatiques, ainsi que des serpents venimeux et des espèces rares de mammifères. C'est le seul endroit au monde où vivent côte à côte des alligators et des crocodiles.

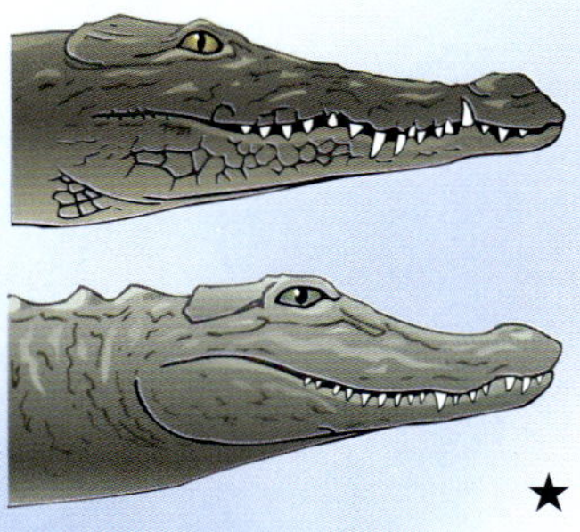

La quatrième dent de la mâchoire inférieure du crocodile reste visible même quand il ferme sa gueule.

La quatrième dent de l'alligator disparaît dans une alvéole et ne se voit donc pas quand il ferme sa gueule.

Ces vues de profil permettent de distinguer les crocodiles des alligators.

Des dents innombrables

Les alligators sont les plus grands prédateurs des Everglades. Ils peuvent atteindre 6 mètres de long et ont une gueule énorme hérissée d'environ 80 dents acérées. Quand elles sont usées, d'autres poussent à leur place. Durant sa vie, un alligator peut en avoir jusqu'à 3 000.

Des trous d'alligator

Les alligators préfèrent rester dans l'eau, mais en hiver les Everglades sont en grande partie asséchés. Les alligators creusent alors des trous dans la boue. Ceux-ci se remplissent d'eau qui s'infiltre du sous-sol. Des poissons, des tortues et des grenouilles s'y rassemblent, dont un grand nombre sont dévorés par les alligators affamés.

Cet alligator surveille les alentours. Ses narines, sur le sommet de sa tête, lui permettent de respirer même quand il est tapi à fleur d'eau.

Cette spatule rosée décolle. Ces oiseaux doivent leur nom à leurs longues plumes roses et à la forme de leur bec.

Comme un serpent !

Quand il nage, l'anhinga ressemble à un serpent. Son corps reste en partie submergé, tandis que sa tête et son long cou se déplacent à la surface comme un serpent. Contrairement à la plupart des oiseaux aquatiques, son plumage n'est pas imperméable. Lorsqu'il a fini de pêcher, il étire ses ailes au soleil pour sécher ses plumes.

Du blanc au rose

Les spatules rosées nichent dans les arbres, mais au lever du soleil, tous les matins, elles se rassemblent dans les eaux peu profondes où elles détectent les crevettes et les crabes avec leur bec sensible. À la naissance, leur plumage est blanc, mais leurs pattes et leurs plumes virent peu à peu au rose vif sous l'effet de leur alimentation.

L'anhinga plonge sous l'eau pour attraper des poissons qu'il harponne avec son long bec acéré.

Il lance le poisson en l'air et l'avale la tête la première pour éviter que nageoires et écailles ne lui piquent la gorge.

Liens Internet

Explore la Floride, dont les Everglades, et découvre les oiseaux qui les peuplent. Pour le lien vers ce site, connecte-toi à :
www.usborne-quicklinks.com/fr

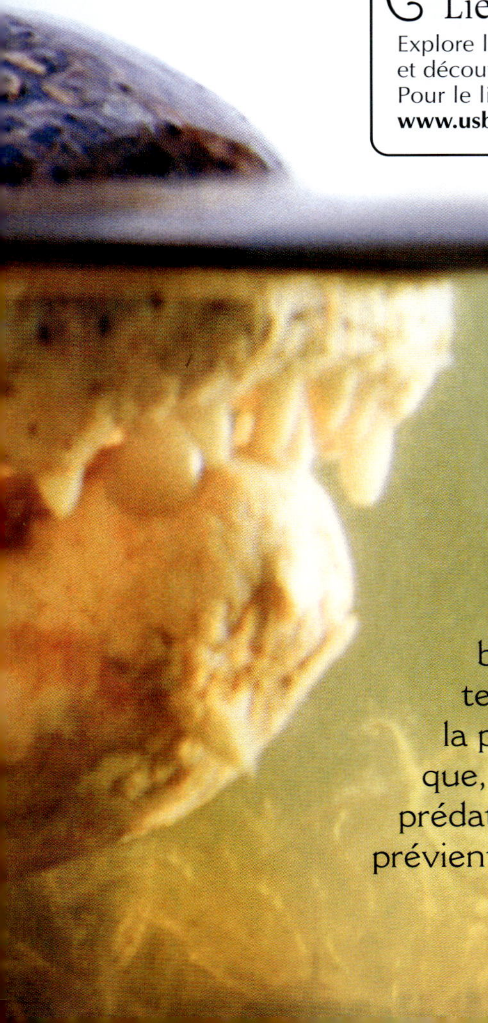

Des serpents thermosensibles

Le mocassin d'eau détecte la chaleur émise par les autres animaux au moyen de détecteurs situés près de sa bouche. Tout changement de température lui permet de déceler la présence d'un animal. C'est ainsi que, la nuit, il repère ses proies et ses prédateurs. Il est très agressif, mais prévient en général avant d'attaquer.

Pour éloigner les prédateurs, le mocassin d'eau ouvre la bouche pour montrer la peau blanche qui en tapisse l'intérieur.

Il remue aussi la queue violemment. Si le prédateur ne s'en va pas, le mocassin d'eau risque d'attaquer.

L'Afrique

Certains des animaux sauvages les plus spectaculaires vivent en Afrique, dont le lion, le gorille, l'éléphant et la girafe. Le continent est parsemé de zones de savane. Il est traversé en son centre par des forêts tropicales humides et parcouru au nord par le Sahara, un désert aride où seuls survivent les animaux les plus résistants.

Des lacs de soude

La vallée du Rift au Kenya et en Tanzanie est à sec presque toute l'année, mais durant la saison des pluies, des lacs de soude peu profonds se forment, alimentés en partie par les pluies et en partie par des sources riches en soude. Une foule d'animaux minuscules s'y multiplie, attirant des millions de flamants roses qui viennent s'en nourrir. Ils sont si nombreux que les lacs paraissent virer au rose.

Flamants roses. Quand ils volent, ils gardent toujours le cou tendu.

Liens Internet

Les animaux d'Afrique, avec plein de photos et des notes descriptives. Pour le lien vers ce site, connecte-toi à : **www.usborne-quicklinks.com/fr**

La chaleur du désert

Le Sahara, en Afrique du Nord, est le plus grand désert de la Terre, et le plus chaud. Il y a longtemps, le climat était différent et le paysage était composé de rivières et de savane où vivaient des antilopes et des éléphants. Aujourd'hui, il n'y a plus assez à manger pour les animaux de cette taille, mais d'autres plus petits comme les serpents et les gerboises se sont adaptés à la sécheresse et à la chaleur.

On dénombre plus d'une trentaine d'espèces de scorpions dans le Sahara. Le dessin ci-contre représente un scorpion du Sahara.

Des géants africains

De nombreux animaux gigantesques vivent en Afrique australe. Les plus hauts sont les girafes, qui peuvent atteindre jusqu'à 6 mètres. Le scarabée goliath est un des plus grands insectes et l'autruche, le plus grand des oiseaux. Mais les plus gros animaux terrestres de tous sont les éléphants d'Afrique. Le mâle fait deux fois la hauteur d'un être humain et pèse parfois autant que cinq petites voitures.

Une galopade effrénée

La savane vallonnée de l'Afrique orientale offre l'un des plus étonnants spectacles du monde des animaux : la migration des gnous. Chaque année, plus de 1,4 million de gnous accompagnés de 200 000 zèbres et gazelles parcourent des milliers de kilomètres – des vastes plaines du Serengeti aux collines de Masaï Mara, au Kenya – en quête d'herbages.

Avec leur long cou et leurs épaules tombantes, on reconnaît facilement la silhouette des girafes.

Le désert du Namib

Le désert du Namib est un vaste territoire sauvage de dunes et de plaines de gravier stériles qui s'étend le long de la côte de l'Afrique du sud-ouest. Les animaux de cette région au climat aride et chaud ont acquis des moyens inhabituels de survivre dans ce milieu inhospitalier.

Liens Internet

Tu peux voir ici quelques clips vidéo sur les animaux qui peuplent le désert du Namib, entre autres le ténébrion qui boit l'eau qu'il recueille.
Pour le lien vers ce site, connecte-toi à : **www.usborne-quicklinks.com/fr**

Des lézards danseurs

De jour, la surface des dunes atteint parfois la température insupportable de 60 °C. Dans le Namib, vit un lézard qui se déplace en courant pour ne pas se brûler les pattes. Quand il s'arrête, il soulève alternativement deux pattes à la fois. On appelle danse thermorégulatrice ce comportement étrange. Quand la chaleur devient insupportable, il plonge la tête la première dans le sable pour atteindre une couche plus fraîche. Il peut rester enfoui jusqu'à 24 heures.

Lézard en train d'exécuter sa danse thermorégulatrice. Ses pattes ne touchent jamais le sol brûlant plus de quelques secondes.

Des éléphants dans le désert

Le désert du Namib est traversé par des vallées fluviales à sec. Quand il pleut, le lit sableux de ces rivières se remplit et les arbres qui les bordent se couvrent soudain de feuilles. Cela permet à quelques petits groupes familiaux d'éléphants de se nourrir et de s'abreuver.

Des buveurs de rosée

À l'aube, un brouillard épais venu de l'Atlantique ensevelit le désert, apportant une eau précieuse à de nombreux petits animaux. Le ténébrion du désert monte sur les dunes et se place le dos au vent pour recueillir les gouttelettes d'eau. En quelques heures, il recueille jusqu'à 40 % de son poids en eau.

Tous les matins, le ténébrion du désert sort de son terrier et se précipite au sommet d'une dune.

Puis il se retourne et incline son corps vers l'avant pour boire les gouttelettes d'eau qui descendent vers sa bouche.

Tous les oryx arborent de longues cornes pointues. Ils parviennent même à empaler dessus un lion qui les attaque.

Des survivants des dunes

L'oryx est l'un des rares gros animaux capables de survivre dans les dunes. Il se nourrit de la chair juteuse de melons sauvages. Ce jus lui permet de subsister pendant longtemps sans eau. Il supporte également les hautes températures. Ses narines sont tapissées d'un réseau de fins vaisseaux sanguins. Ils refroidissent le sang qui circule dans son cerveau, ce qui l'empêche de surchauffer.

La jungle du Congo

Le Congo est une vaste étendue de denses forêts tropicales humides située au cœur de l'Afrique. Il abrite des animaux d'une diversité extraordinaire, y compris des grands singes, comme les gorilles et les chimpanzés, la moitié des éléphants d'Afrique, des insectes géants et des espèces rares d'antilopes.

Liens Internet

Pour tout savoir sur les gorilles : les différentes espèces, leur biologie et les menaces qui planent sur eux. Pour le lien vers ce site, connecte-toi à : **www.usborne-quicklinks.com/fr**

Groupe familial de gorilles des montagnes. Les jeunes sont très joueurs. Celui de droite s'est allongé à l'envers pour s'amuser.

De doux géants

Les gorilles vivent au cœur de la forêt, au sein de groupes familiaux unis. Malgré leur taille et leur puissance, ils sont rarement agressifs et se nourrissent surtout de végétaux. Vu leur taille, ils doivent beaucoup manger. Leur emploi du temps consiste habituellement en un repas plantureux de deux heures suivi par une sieste ; ils passent le reste de l'après-midi à grignoter.

Les gorilles préfèrent éviter de se battre. Ils se tambourinent la poitrine pour intimider les attaquants.

À la chasse aux puces

Les colobes rouges vivent au sommet des arbres en groupes de quarante au maximum. Ils passent beaucoup de temps à s'épouiller mutuellement ; ils se peignent les poils avec les doigts et s'enlèvent les parasites et la peau morte avec les lèvres ou la langue. Cet épouillage est bon pour leur santé et sert également à tisser entre eux des liens étroits.

Comme tous les colobes rouges, cette mère et son petit ont des poils longs. Des scientifiques ont émis l'hypothèse que ces poils ralentissent leur chute quand ils sautent d'arbre en arbre, un peu comme un parachute.

Des petites bêtes géantes

Les goliaths, des scarabées, sont parmi les insectes les plus grands et les plus lourds du monde. Certains atteignent la taille de ta main. Cela ne les empêche pas de s'envoler jusqu'en haut de la canopée, où ils se nourrissent de fruits mûrs. Le bourdonnement bruyant de leurs ailes les fait ressembler à de mini-hélicoptères.

Les goliaths mâles se disputent les femelles ou les sites d'alimentation. Ils croisent leurs cornes en forme de Y comme ci-contre.

★

Jeune bongo (les cornes des adultes sont beaucoup plus longues). Ses grandes oreilles l'aident à guetter les prédateurs.

Le bongo du Congo

Les bongos vivent dans les parties les plus denses de la forêt. Ils se nourrissent surtout de broussailles, dont ils arrachent les feuilles avec leur longue langue préhensile. On les a vus aussi manger de la terre et du bois brûlé par la foudre, probablement en raison de leur teneur en sel.

Les plaines du Serengeti

Le Serengeti est un parc national d'Afrique orientale à la savane vallonnée émaillée de boqueteaux. Dans la langue des Masaï, le peuple de cette région, son nom veut dire « plaines infinies ». Cette réserve abrite les plus grands troupeaux d'animaux d'Afrique, ainsi que divers prédateurs redoutables.

Liens Internet

Deux sites sur le serpentaire, un oiseau d'Afrique : une fiche d'information et un clip vidéo.
Pour les liens vers ces sites, connecte-toi à : **www.usborne-quicklinks.com/fr**

Rafraîchissant

Les éléphants africains vivent en grands groupes familiaux menés par une femelle. Ensemble, ils parcourent tous les jours de vastes distances pour trouver de quoi manger. Ils se rafraîchissent en se vautrant dans une mare ou, si l'eau se fait rare, en l'aspirant dans leur trompe et en s'en aspergeant. Après le bain, ils s'enduisent de boue pour se protéger des insectes.

Les éléphants de ce troupeau boivent dans un point d'eau avec leur trompe. Avec ses 150 000 muscles, cet appendice est d'une souplesse étonnante.

Le roi du Serengeti

Les lions sont les chasseurs les plus grands et les plus puissants du Serengeti. Ils vivent en troupes de 20 environ et chassent souvent ensemble, ce qui augmente leurs chances de succès. Les femelles font presque tout le travail, mais ce sont en général les mâles qui mangent les premiers.

Chat perché

Le léopard vit en général dans les boqueteaux. Dans la journée, il fait la sieste dans un grand arbre, dont il descend la nuit pour chasser. Après avoir tué sa proie, il la hisse souvent dans un arbre pour empêcher d'autres animaux, comme les hyènes, de la lui voler.

Position typique du léopard quand il se repose dans la journée, les pattes ballantes sur une branche.

Des chasseurs de serpent

Haut de 1 m, le serpentaire est l'oiseau de proie aux pattes les plus longues. Il sait voler, mais chasse au sol lézards, insectes et serpents venimeux, qu'il saisit dans ses pattes puissantes. Les écailles dont elles sont revêtues le protègent des morsures de serpent.

Le serpentaire tue sa victime en la piétinant de ses pattes puissantes.

Le delta de l'Okavango

Certains fleuves ne parviennent jamais jusqu'à la mer. L'Okavango, un fleuve du Botswana, un pays aride d'Afrique australe, arrive ainsi jusqu'aux sables du désert du Kalahari, mais ne va pas plus loin. Il s'étale alors, formant un réseau de chenaux et d'îles, appelé le delta de l'Okavango. Cette vaste étendue marécageuse est un paradis pour les animaux sauvages.

Des tondeuses à gazon

Les hippopotames vivent au milieu du marécage, en petits groupes. Ils ont la peau très sensible aux rayons du soleil et passent la journée dans l'eau. Après le coucher du soleil, quand il fait plus frais, ils viennent brouter sur les îles. Ils tondent l'herbe comme une pelouse avec leurs lèvres.

Liens Internet
Une superbe collection de photos sur la faune et la flore de l'Okavango. Pour le lien vers ce site, connecte-toi à : **www.usborne-quicklinks.com/fr**

Cet hippopotame ouvre grand sa gueule pour intimider ses rivaux. Cet animal possède d'énormes dents de devant dont il menace ses rivaux, allant parfois jusqu'à les mordre.

Une antilope aquatique

Le cobe lechwe passe presque autant de temps dans l'eau que sur la terre. Il a de longs sabots évasés qui l'empêchent de s'enfoncer dans les marécages, et il s'avance dans l'eau jusqu'au ventre pour chercher à manger. Il se réfugie aussi parfois dans l'eau pour échapper à ses prédateurs, comme les chiens sauvages.

Ces cobes lechwe s'enfuient dans l'eau. On distingue leurs curieux sabots, qui les aident à bondir sur un sol gorgé d'eau.

Le rollier à longs brins

Le rollier à longs brins descend en piqué sur l'Okavango, faisant étinceler son plumage de couleurs chatoyantes. Cet oiseau doit son nom à sa parade nuptiale impressionnante : il plonge dans l'air en se balançant de droite à gauche, tout en produisant des « zaak, zaak » rauques et bruyants. Les rolliers forment des couples qui durent toute la vie.

Ce rollier à longs brins se prépare à s'envoler. D'un coup de pattes, il se lance dans les airs et plonge sur sa proie au sol.

En parapluie

L'aigrette ardoisée se cantonne aux eaux peu profondes du delta, où elle pêche. Elle se sert d'une ruse pour attraper les poissons : elle déploie ses ailes comme un parapluie, jetant ainsi une ombre sur l'eau. Les poissons sont attirés par l'ombre, qui les rend alors plus faciles à distinguer et donc à attraper.

L'aigrette ardoisée se tient immobile, attendant qu'un poisson vienne se mettre à l'ombre sous ses ailes.

Elle le happe dès qu'il est assez près.

★

Madagascar

La faune de Madagascar renferme des espèces étonnantes qui ne vivent nulle part ailleurs. En effet, Madagascar s'est séparé de l'Afrique il y a environ 80 millions d'années. Depuis, dans ce milieu complètement isolé du reste du monde, sont apparus des animaux comme les lémuriens.

Des lézards camouflés

L'uroplate est un petit lézard qui vit sur les troncs d'arbres et dont le camouflage étonnant le dissimule aux prédateurs. Par sa couleur et sa texture, son corps aplati ressemble exactement à de l'écorce, et le volant de peau dont il est frangé lui permet de se confondre avec l'arbre sans produire d'ombre révélatrice.

Quand un prédateur s'approche trop près, l'uroplate ouvre grand sa gueule tapissée de rouge vif pour l'effrayer.

Le charançon-girafe peut atteindre la longueur de ton doigt. Les parties rouges sont ses élytres.

Enroulé dans une feuille

Le charançon-girafe, un coléoptère, est l'insecte au cou le plus long. Avec, il enroule de petites feuilles de manière à former un tube. La femelle pond un œuf dedans, qui sera ainsi protégé des prédateurs jusqu'à l'éclosion.

Ce jeune sifaka se cramponne à sa mère pendant qu'elle saute. Celle-ci étend ses courtes pattes de devant pour garder l'équilibre.

Des lémuriens danseurs

Le sifaka est un lémurien qui passe la majeure partie de son temps dans les arbres. S'il doit se déplacer au sol, il se dresse sur ses pattes de derrière. Il se lance alors dans un singulier galop latéral, croisant les pattes dans l'air à chaque saut. Il ne peut pas faire autrement au sol, car ses pattes de devant, conçues pour grimper aux arbres, sont trop courtes pour la marche quadrupède.

Il s'en lèche les doigts

L'aye-aye est une espèce rare de lémurien à l'allure étrange. Il est nocturne ; pour se nourrir, il appuie ses grandes oreilles contre les arbres afin de détecter les vers cachés sous l'écorce. Ensuite, de ses dents acérées, il perce des trous dans l'écorce, d'où il extrait les vers en se servant de son majeur, long et fin.

Avec son majeur long et fin, l'aye-aye attrape les vers cachés sous l'écorce.

Drôles de bestioles

Les flatides de Madagascar se protègent par des déguisements astucieux. Durant la croissance, ils peuvent se couvrir d'une substance cireuse blanche qui donne l'impression qu'ils ont un goût détestable. À l'âge adulte, ils deviennent roses et forment des groupes qui ont l'apparence de fleurs.

Les flatides adultes se regroupent pour imiter les pétales d'une fleur.

Liens Internet

Une extraordinaire visite du parc de lémuriens à Madagascar.
Pour le lien vers ce site, connecte-toi à : **www.usborne-quicklinks.com/fr**

Ces petits chevaux blancs vivent en liberté dans la région marécageuse de la Camargue, dans le sud de la France.

L'Europe

L'Europe, ce petit continent, abrite 700 millions d'habitants, ce qui laisse peu de place pour la faune. Les espèces sont moins variées que sur d'autres continents mais tout aussi fascinantes. Les plus résistantes sont celles qui ont appris à survivre aux côtés des êtres humains.

À l'état sauvage

Un grand nombre des animaux d'Europe ont été domestiqués, c'est-à-dire élevés par les êtres humains pour la viande, la laine ou le transport. En Camargue, cependant, c'est l'inverse qui s'est produit : les chevaux camarguais descendent de chevaux domestiqués retournés à l'état sauvage. Ils vivent en liberté dans la campagne, en petits troupeaux.

L'Europe est délimitée à l'est par l'Oural. Ces montagnes séparent la partie occidentale de la Russie de sa partie orientale, qui se trouve en Asie.

Des citadins

Avec l'aménagement des villes, de nombreux habitats ont été détruits en Europe, mais certains animaux se sont adaptés à la vie de citadin. Ainsi, on voit fréquemment des renards dans les villes britanniques. Ils se nourrissent de déchets trouvés dans les rues et élèvent leurs petits le long des remblais de chemins de fer et dans les jardins.

Liens Internet

Pleins feux sur la salamandre tachetée : son habitat, ses ennemis, les légendes à son sujet, et bien d'autres informations. Pour le lien vers ce site, connecte-toi à :
www.usborne-quicklinks.com/fr

Des forêts millénaires

Le nord de l'Europe était autrefois recouvert de bois et de forêts. Ce qui en subsiste donne une idée de l'aspect qu'avait ce continent. Des sangliers fouillent la terre dans les sous-bois, des chouettes volettent à travers les arbres après le coucher du soleil et des castors et des loutres vivent dans les clairières marécageuses.

Le pelage rayé de ces jeunes sangliers, ou marcassins, virera au brun terne vers six mois.

Les Pyrénées

Les Pyrénées forment une barrière élevée le long de la frontière entre la France et l'Espagne. À certains endroits, elles demeurent aussi sauvages qu'il y a des centaines d'années. Des sangliers et des isards y vivent en liberté, et des vautours et des aigles s'élèvent dans le ciel.

Liens Internet

Deux sites : l'un présente le curieux desman des Pyrénées, l'autre permet d'explorer la faune variée de cette chaîne montagneuse. Pour les liens vers ces sites, connecte-toi à : **www.usborne-quicklinks.com/fr**

Une bonne prise

Le bouquetin des Pyrénées (Capra pyrenaica) peuplait autrefois le massif, mais l'espèce est maintenant éteinte en France. On trouve une autre espèce de bouquetin dans les Alpes. Cet animal vit en haut des pentes rocheuses. Le mâle arbore de longues cornes recourbées.

Ces bouquetins des Alpes ressemblent beaucoup à l'espèce des Pyrénées. Leurs cornes mesurent environ 1 m. Ils foncent tête baissée pour effrayer leurs prédateurs, tels ours et loups.

Quartiers d'hiver

Les marmottes, de petits mammifères, vivent en groupes familiaux sur les pentes herbeuses des montagnes. Elles se gavent de nourriture au printemps et en été, puis hibernent dans leurs terriers le reste du temps. La dernière marmotte à pénétrer dans le terrier bouche l'ouverture avec de la terre pour empêcher la chaleur de s'échapper et les prédateurs d'entrer.

Les marmottes se saluent en se frottant le nez pour vérifier si elles sont de la même famille.

Des casseurs d'os

Les gypaètes barbus planent en haute altitude sur les courants d'air chaud à la recherche de carcasses d'animaux. Contrairement aux autres vautours, les gypaètes se nourrissent des os plutôt que de la chair. Ils les saisissent dans leurs serres, puis les laissent tomber de très haut sur les rochers pour les briser. Ils avalent ensuite les morceaux.

Ce gypaète barbu se sert des courants ascendants d'air chaud pour s'élever au-dessus d'une vallée. Grâce à sa vue perçante, il repère de loin les cadavres d'animaux.

Un museau sensible

Le desman des Pyrénées, un mammifère singulier semblable à une taupe, vit dans les rivières au cours rapide et les torrents. Pendant la journée, il se repose dans son terrier creusé dans la berge, mais il sort la nuit chasser des crevettes, des écrevisses et des insectes. Ses pattes palmées en font un nageur rapide. Son étrange museau est doté de poils sensibles qui lui servent à détecter ses proies.

Le desman des Pyrénées remue le gravier qui tapisse le lit de la rivière pour faire sortir les animaux cachés dessous. Avec les poils sensibles de son museau, il détecte les ondes de pression produites par la proie qui essaye de s'échapper.

La pie-grièche écorcheur

La pie-grièche écorcheur est un petit oiseau migrateur qui arrive dans les Pyrénées au printemps. Elle doit son nom à l'habitude qu'elle a d'empaler ses victimes sur des épines ou des fils barbelés. Elle utilise ces réserves les jours où elle revient bredouille de la chasse.

Cette pie-grièche écorcheur se tient près de son garde-manger, où elle a empalé un papillon et un petit lézard. Elle ne tue pas ses proies avant, pour qu'elles restent fraîches plus longtemps.

Le Coto Doñana

Avant d'atteindre la mer, le Guadalquivir, en Espagne, se divise pour former un réseau de chenaux et d'îles, connu sous le nom de Coto Doñana. Cette région de lacs saumâtres, de marais et de boqueteaux, qui était autrefois une chasse royale, est aujourd'hui le plus grand parc national d'Europe.

Les oreilles du lynx ibérique sont dotées de touffes de poils longs. Les scientifiques pensent que ceux-ci les aident à mieux entendre.

Liens Internet
Une rubrique pour te renseigner sur le guêpier d'Europe, avec de belles photos. Pour le lien vers ce site, connecte-toi à : **www.usborne-quicklinks.com/fr**

Un fauve en danger

Le lynx ibérique rôde la nuit dans les bois du Doñana, à l'affût de lapins. Il tire sa proie ou la transporte jusqu'à un endroit sûr pour la dévorer. En moyenne, il lui faut un lapin par jour pour rester en bonne santé, mais la diminution du nombre de proies et la destruction de son habitat en font l'un des félins les plus menacés du monde.

Des bois qui s'entrechoquent

En septembre et en octobre, l'air résonne du brame des cerfs élaphes mâles, qui se disputent les femelles. Mâles et femelles vivent séparément la majeure partie de l'année, mais pendant la saison de reproduction, chaque mâle essaye de conquérir un groupe de femelles et lance un défi à ses rivaux. Si l'adversaire ne se retire pas, les deux cerfs baissent la tête et, croisant leurs bois, se livrent un combat acharné.

Les cerfs élaphes mâles mettent leur force à l'épreuve en croisant leurs bois. Ils continuent à se battre jusqu'à ce que l'un d'eux s'avoue vaincu et se retire ou soit gravement blessé. Le vainqueur reste avec les femelles et s'accouple avec elles.

Le guêpier

Le guêpier d'Europe est un petit oiseau qui parcourt des milliers de kilomètres chaque année. Il passe l'hiver en Afrique puis arrive au Doñana au printemps, où il niche et pond ses œufs dans des galeries creusées dans les berges. Comme son nom l'indique, il se nourrit de guêpes, mais également d'autres insectes.

Ce guêpier est sur le point de happer un insecte. Il lui en faut en général jusqu'à 250 par jour.

Avant de la manger, le guêpier fait sauter le dard de l'abeille en la frappant contre une surface dure, comme une branche.

La tête à l'envers

Les flamants se nourrissent de petits animaux et de végétaux dans les marais du Doñana. La tête en bas, ils balaient l'eau boueuse de leur bec et aspirent un mélange d'eau, de boue et d'aliments. Dans le bec, la nourriture est piégée par des stries et, avant de l'avaler, le flamant expulse l'eau et la boue à l'aide de sa langue.

Ces flamants roses cherchent de petits animaux dans la boue qu'ils remuent avec leurs pattes palmées en marchant dedans.

Les îles Hébrides

Au nord-ouest de l'Écosse, se trouve un archipel d'îles sauvages balayées par les vents, les Hébrides, qui s'étendent dans l'océan Atlantique sur 390 km. De nombreux oiseaux de mer nichent le long des falaises escarpées, tandis que phoques, requins et dauphins vivent dans les baies abritées.

Phoque gris. Sa forme arrondie est due à l'épaisse couche de graisse isolante qu'il a sous la peau. Elle lui permet de survivre dans l'eau froide, à des températures qui tueraient un être humain en quelques minutes.

Les phoques et leurs petits

Les phoques gris passent presque toute l'année en mer mais viennent à terre aux alentours du mois d'octobre pour se reproduire. Les petits naissent revêtus d'une longue fourrure blanche qui leur tient bien chaud, le lanugo. Ils grossissent rapidement grâce au lait nourrissant de leur mère et, au bout de trois semaines, ils ont eux-mêmes acquis une épaisse couche de graisse et peuvent muer.

À la crête des vagues

Le dauphin commun pêche dans les eaux situées à une certaine distance du littoral. Il est très joueur et fait souvent des bonds fantastiques hors de l'eau. Il aime également surfer sur la vague produite par les bateaux rapides. Il se laisse pousser vers l'avant par la pression de la vague ; comme cela, il va plus vite.

★

Quand ils accompagnent un bateau, les dauphins se placent devant la crête de la vague pour se laisser pousser par elle.

Les macareux moines

Les macareux moines passent l'hiver à flotter en pleine mer et à plonger pour attraper des poissons. Ce sont d'excellents nageurs, qui se servent de leurs ailes pour « voler » sous l'eau. De la mi-avril au mois de mai, ils se rassemblent par centaines de milliers aux îles Hébrides pour se reproduire.

Les macareux nichent sur les pentes herbeuses des falaises, dans d'anciens terriers de lapins ou dans des terriers qu'ils creusent avec leurs griffes acérées. Les couples se séparent durant l'hiver, mais se retrouvent au printemps dans le même terrier.

Les macareux moines ont de grosses pattes palmées. Ils s'en servent comme de freins quand ils atterrissent, écartant les doigts pour ralentir.

Intérieur d'un terrier de macareux. Chaque année, la femelle pond un œuf dans une chambre située au bout d'une galerie étroite.

★

Des nageurs agiles

Les îles Hébrides sont l'un des meilleurs endroits d'Europe pour observer des loutres. Ces animaux ont des mouvements rapides et souples dans l'eau comme à terre. Ils courent aussi vite qu'un être humain et évoluent gracieusement dans l'eau, où ils se propulsent avec leurs pattes courtes et puissantes, leur queue servant de gouvernail.

La loutre est un habile chasseur. Elle apprend toute jeune en jouant avec les poissons et les crabes que sa mère lui apporte pour s'exercer.

Famille de loutres. Bien que leur pelage paraisse mouillé, les poils extérieurs sont imperméables et le dessous reste chaud et sec.

Liens Internet

Un site très complet sur le phoque gris : sa reproduction, sa répartition et bien d'autres informations.
Pour le lien vers ce site, connecte-toi à : **www.usborne-quicklinks.com/fr**

L'Asie

Grues de Mandchourie, symboles de la chance au Japon

L'Asie est le plus grand continent du monde. Il est traversé au nord et au centre par des ceintures de forêts, de steppes et de déserts. Le sud est un univers différent : l'Inde et les forêts tropicales du sud-est.

Des chevaux sauvages

Une ceinture de végétation herbeuse, ou steppe, traverse l'Asie centrale. Les steppes de la Mongolie abritent les derniers troupeaux de chevaux vraiment sauvages, appelés chevaux de Prjevalski, qui n'ont jamais été domestiqués. Plus petits que les chevaux domestiques, ils ont une crinière en brosse.

À travers les continents

L'Inde est séparée du reste de l'Asie par l'Himalaya, la plus haute chaîne de montagnes du monde. Elle est difficile à franchir, mais de nombreux animaux sont quand même venus d'autres régions du monde peupler l'Inde, comme les éléphants, originaires d'Afrique, et les tigres, de Sibérie. L'Inde abrite également de nombreux animaux indigènes.

Le gavial, un animal semblable à un crocodile, vit dans les rivières du nord de l'Inde et du Népal. Il balaie l'eau de droite à gauche avec son long museau pour attraper des poissons.

Liens Internet
Un site sur la réintroduction du cheval de Prjevalski en Mongolie. Pour le lien vers ce site, connecte-toi à : **www.usborne-quicklinks.com/fr**

Le froid du nord

À l'extrême nord de l'Asie, s'étend une région appelée Sibérie. Elle est recouverte en grande partie d'une forêt dense, et les hivers y sont longs et très froids. L'ours, le glouton et les autres animaux qui y vivent ont une fourrure épaisse, tandis que le plumage d'oiseaux comme la chouette lapone se compose de couches de plumes serrées.

Cette chouette paraît énorme mais, sans son plumage, elle est beaucoup plus petite.

Les terres désertiques

Ce vautour possède un court plumage sur la tête et le cou. Il peut ainsi enfoncer sa tête dans une carcasse sans se salir les plumes.

Les déserts de l'Asie sont aussi variés qu'ils sont inhospitaliers. Au sud-ouest, s'étendent de vastes régions sableuses incultes, souvent assaillies par des tempêtes de poussière et de sable. À l'est, se trouve le désert rocheux de Gobi, brûlant en été et glacial pendant les nuits d'hiver.

Des charognards

Les vautours chauves se nourrissent de cadavres d'animaux. Ils planent au-dessus des déserts du sud-ouest. Avec leur vue perçante, ils repèrent les charognes de très haut. Ils se rassemblent parfois à 50 autour d'une carcasse, se bousculant pour avoir leur part.

Des poches et des bosses

Les chameaux, qui sont bien adaptés à la sécheresse, vivent dans tous les déserts de l'Asie. Ils sont capables de rester plusieurs jours sans boire grâce à l'eau emmagasinée dans des poches situées dans leur estomac. Ils disposent également de réserves de graisse dans leur bosse, qu'ils utilisent lorsque la nourriture se fait rare. La bosse rétrécit alors et se ramollit.

Les chameaux peuvent fermer les narines pour empêcher le sable de pénétrer. Leurs yeux sont protégés par des cils épais.

Ces affleurements rocheux se trouvent dans le désert de Gobi.

Les caracals ont des touffes de poils noirs sur les oreilles. Leur nom signifie « oreille noire » en turc.

Des félins amateurs d'oiseaux

Les caracals ont besoin d'être rapides, agiles et puissants pour chasser leurs proies dans le désert. Ils ont la réputation de pouvoir abattre les oiseaux en plein vol d'un coup de leurs pattes de devant en faisant un grand bond.

Liens Internet

Une page pour en savoir plus sur le caracal, avec une galerie de superbes photos.
Pour le lien vers ce site, connecte-toi à :
www.usborne-quicklinks.com/fr

Hérisson d'Égypte. Ses grandes oreilles l'aident à perdre de la chaleur et à supporter les hautes températures du désert.

Des mammifères à piquants

Avec leurs piquants, le hérisson et le rat épineux sont mieux protégés contre les carnassiers que les autres mammifères du désert. Le hérisson se roule en boule et ses piquants se dressent dans toutes les directions, dissuadant ainsi la plupart des attaquants. Les prédateurs évitent le rat épineux, car ses piquants se planteraient dans leur gorge.

Il arrive qu'en essayant d'échapper aux prédateurs, le rat épineux perde sa queue. Celle-ci ne repousse pas, mais il peut vivre sans.

★

L'Himalaya

L'Himalaya est la plus haute chaîne de montagnes du monde. Peu d'animaux survivent sur les sommets – un paysage de roches noires, de neige et de glace balayé par des vents glacials. Les espèces se multiplient toutefois à mesure qu'on descend.

Des chèvres de montagnes

Le markhor est la plus grande espèce de chèvre sauvage. En été, il broute l'herbe, mais en hiver, il se nourrit de feuilles, se dressant sur ses pattes de derrière ou même grimpant dans les arbres pour atteindre les feuilles plus juteuses. Les mâles possèdent d'étonnantes cornes spiralées avec lesquelles ils se disputent les femelles. Ils les croisent, puis poussent et se contorsionnent pour faire tomber leur adversaire.

Les markhors mâles ont tous des cornes spiralées, qui dépassent parfois 1,5 m.

Des mammifères écailleux

Les contreforts de l'Himalaya abritent des pangolins, de singuliers mammifères couverts d'écailles. À la naissance, celles-ci sont molles et le jeune dépend entièrement de sa mère pour sa protection. En cas de danger, elle se roule en boule, cachant le petit à l'intérieur.

★

Pour commencer, les jeunes pangolins ne vont pas loin ; ils s'agrippent à la queue de leur mère.

Liens Internet

Une rubrique qui présente également des animaux de l'Himalaya.
Pour le lien vers ce site, connecte-toi à :
www.usborne-quicklinks.com/fr

L'once

L'once, ou panthère des neiges, est très difficile à apercevoir. Elle vit dans les montagnes et comme on la chasse pour sa belle fourrure, elle est devenue très rare. Elle fait sa proie des moutons et des chèvres, qu'elle chasse à l'approche et attaque en leur sautant dessus.

L'once a des pattes de derrière puissantes, dont elle se sert pour sauter sur sa proie sans méfiance.

Au sommet

Les sommets de l'Himalaya sont couverts de neiges éternelles. Seuls de tout petits arthropodes y vivent. Comme rien ne pousse à cette altitude, la nourriture est rare ; elles se nourrissent des graines et du pollen déposés par les courants d'air venus des plaines.

L'once court dans la neige sa queue touffue dressée pour mieux garder son équilibre. Quand elle se repose, elle enroule sa queue autour d'elle pour se tenir chaud.

Les forêts du Sichuan

Les pentes raides des montagnes du Sichuan sont tapissées d'épaisses forêts noyées dans la brume. Elles abritent plus d'espèces de faisans que toute autre région du monde. On y trouve également des petits pandas, des rhinopithèques dorés et les célèbres grands pandas.

Liens Internet

Un site pour tout savoir sur le grand panda : fiche d'identité, habitat, pourquoi il est menacé. Pour le lien vers ce site, connecte-toi à : **www.usborne-quicklinks.com/fr**

Des mangeurs de bambou

Les grands pandas vivent dans les forêts à environ 2 000 mètres d'altitude, où ils se nourrissent exclusivement de pousses de bambou. Comme celles-ci contiennent peu d'éléments nutritifs, ils passent 15 heures par jour à manger. Ils tiennent les tiges dans leurs pattes de devant ; ils arrivent à bien les agripper grâce à leurs coussinets supplémentaires.

★

Coussinets supplémentaires situés sur les pattes de devant du grand panda.

Ce grand panda mâchonne une tige de bambou. Comme cet animal passe beaucoup de temps à manger, il reste assis ou allongé pour économiser son énergie.

Un grand dormeur

Le petit panda, comme le grand panda, se nourrit principalement de bambou – environ 200 000 feuilles par jour. Comme son régime alimentaire est peu calorique, il passe ses journées à dormir dans les arbres. Il n'est actif qu'à l'aube ou à la tombée du jour, quand il descend au sol pour se nourrir.

Le petit panda dort la tête contre la poitrine et la queue sur la tête pour se tenir chaud.

Petit panda d'âge adulte. Avec sa queue rayée et sa petite taille, il ressemble plus à un raton laveur qu'à un grand panda. Cela n'est guère surprenant : le petit panda est en fait une sorte de raton laveur.

Une face bleue

Il existe quatre espèces de singes dorés, mais les rhinopithèques de Roxellane sont les seuls à avoir la face bleue. L'été, ils se rassemblent en grands groupes atteignant jusqu'à 600 membres, plus nombreux que ceux de presque toute autre espèce de singe. Avec l'arrivée du froid, ils se divisent en petits groupes d'environ 60 individus, sans doute parce qu'il y a moins à manger.

Cette femelle de rhinopithèque serre son petit contre elle. Les mères sont très affectueuses et passent des heures à câliner leurs petits.

Les marécages de Bornéo

Bornéo est la plus grande île d'un archipel d'Asie du Sud-Est. Son littoral est bordé de denses mangroves qui abritent des animaux extraordinaires, y compris des poissons-archers, des singes à gros nez ainsi que des poissons terrestres.

Des arbres enchevêtrés

Les palétuviers sont des arbres qui poussent sur le littoral des régions tropicales. Leurs racines s'enfoncent dans l'eau de mer ; la plupart des arbres ne supportent pas l'eau salée, mais les palétuviers s'y plaisent.

Les palétuviers ont de nombreuses racines qui, tels des pilotis, les fixent au sol boueux.

Les jeunes poissons se réfugient dans les racines pour échapper aux prédateurs, qui sont trop gros pour passer entre elles.

Un gros nez

Le nasique est une espèce de singe endémique à Bornéo. Le mâle possède le plus gros nez de toutes les espèces de singes et, plus il est gros, plus il plaît aux femelles. Le nez s'allonge tout au long de la vie du nasique, devenant parfois si long que celui-ci doit le pousser de côté pour manger.

Nez du nasique aux différents stades de sa vie

À quatre mois — À cinq ans — À quinze ans

Ce nasique mange des feuilles, son principal aliment. Les feuilles de palétuviers sont dures à digérer, et l'estomac du nasique possède des compartiments supplémentaires pour mieux les dissoudre, ce qui lui donne une allure bedonnante.

Des chasseurs de crabe

Les tarsiers, de petits mammifères nocturnes, ont de gros yeux qui leur permettent de voir dans le noir. Ils se déplacent par bonds entre les palétuviers, où ils se nourrissent de crabes. Ils les saisissent de leurs mains puissantes et brisent leur carapace avec leurs dents fines et acérées. Lorsqu'ils mordent dedans, ils ferment les yeux pour se protéger des éclats.

Les renflements au bout des doigts agissent comme des ventouses et les aident à s'agripper aux arbres.

D'un coup de jet d'eau

Le poisson-archer chasse les insectes perchés dans les branches qui surplombent les marécages. Il les fait tomber dans l'eau en leur envoyant un jet d'eau de sa bouche. Puis, il happe ses victimes étourdies.

Pour envoyer un jet d'eau puissant, le poisson-archer place son museau à fleur d'eau.

Liens Internet
Tu peux ici te documenter sur les mangroves. Pour le lien vers ce site, connecte-toi à :
www.usborne-quicklinks.com/fr

Le périophthalme se dresse sur ses nageoires. Avec ses gros yeux, il focalise aussi bien dans l'eau que sur la terre.

Un poisson hors de l'eau

Le périophthalme passe la majeure partie de son temps hors de l'eau. On l'appelle aussi gobie marcheur à cause de la manière dont il se propulse dans la boue en s'appuyant sur ses nageoires de devant. Chez certaines espèces, la deuxième paire de nageoires forme une ventouse sous le corps, qui permet au poisson de grimper sur des branches et des racines pour y chercher à manger.

Sumatra

Sumatra, l'une des plus grandes îles de l'Indonésie, possède des forêts tropicales humides parmi les plus spectaculaires du monde. Les pluies abondantes favorisent une végétation luxuriante, les arbres fourmillent d'oiseaux qui pépient et, dans les sous-bois, se faufilent des animaux d'une grande rareté.

Des singes acrobates

Les orangs-outans touchent rarement le sol. Avec leurs pieds semblables à des mains et leurs longs bras puissants, ces grands singes sont superbement adaptés à la vie dans les arbres. C'est leur mère qui leur apprend à connaître la forêt. À l'âge de dix ans, l'orang-outan sait où se trouvent les meilleurs arbres fruitiers et quand leurs fruits seront mûrs.

L'orang-outan ne saute pas d'arbre en arbre, mais se balance d'une branche à l'autre.

Emmurés

Les calaos rhinocéros, qui nichent dans les trous d'arbre, ont un mode de nidification fort curieux : le mâle emmure la femelle en bouchant partiellement l'ouverture avec de la boue. Avec ses petits, elle est ainsi à l'abri de prédateurs comme les serpents et les lézards. Quand les œufs éclosent, la femelle casse la fermeture mais la reconstruit derrière elle en attendant que les petits soient prêts à s'envoler.

Le calao rhinocéros mâle bloque progressivement l'ouverture du nid avec de la boue, qu'il transporte dans son bec.

Il laisse une ouverture par laquelle il passe de la nourriture à la femelle.

Liens Internet
Un dossier qui te permettra de te documenter sur l'orang-outan, avec quelques photos.
Pour le lien vers ce site, connecte-toi à :
www.usborne-quicklinks.com/fr

Une fleur géante

Sur le sol de la forêt, il pousse environ 40 000 espèces de plantes. L'une d'elles, le rafflesia, possède la fleur la plus grande du monde, qui atteint jusqu'à un mètre de diamètre. Elle dégage une odeur de viande pourrie qui attire les insectes afin qu'ils la pollinisent.

Fleur de rafflesia. Elle ne dure que quelques jours, puis se décompose pour former une masse visqueuse noirâtre.

Poilu et rare

La jungle de Sumatra abrite des animaux extrêmement rares, dont le rhinocéros de Sumatra à deux cornes, recouvert de poils longs et clairsemés, et le tigre de Sumatra, la plus petite espèce de tigre. Ils vivent tous deux dans les fourrés les plus denses et on les aperçoit rarement.

Ce tigre de Sumatra est très rare : il n'en reste qu'environ 400 en liberté.

L'Australasie

L'Australasie se compose de l'Australie, de la Nouvelle-Guinée et de la Nouvelle-Zélande. Elle s'est séparée des autres continents il y a des millions d'années et abrite un grand nombre d'animaux qui n'existent nulle part ailleurs sur la Terre.

Des bébés dans des poches

L'Australie et la Nouvelle-Guinée abritent un groupe unique de mammifères, les marsupiaux, qui comprend les kangourous et les koalas. Dès sa naissance, le petit marsupial grimpe dans une poche de peau située sur le ventre de sa mère. Il y passe les premiers mois de sa vie, se nourrissant du lait qu'il tète à la mamelle de sa mère.

Les monotrèmes

Les monotrèmes, des mammifères ovipares, ne vivent qu'en Australie et en Nouvelle-Guinée. Il en existe trois espèces : l'ornithorynque, l'échidné à long bec et l'échidné à bec court. Contrairement aux autres mammifères, les monotrèmes n'ont pas de mamelles. Les jeunes monotrèmes lèchent le lait qui suinte de glandes situées sous la peau de la mère.

Cet échidné à long bec est protégé par des épines. En regardant attentivement, on voit aussi les poils qui poussent entre les épines.

Ces gaterins vivent dans les eaux turquoise de la Grande Barrière de corail. Ils passent la journée en bancs, mais se nourrissent en solitaire la nuit.

Légende

- Forêt
- Désert
- Montagne
- Autre (formation herbeuse, terres cultivées et villes)

Cette carte signale seulement quelques-unes des espèces de l'Australasie.

La Grande Barrière de corail

La Grande Barrière de corail, le plus grand récif corallien du monde, se trouve le long de la côte du nord-est de l'Australie. Elle se compose de squelettes d'animaux minuscules, les polypes coralliens, et abrite plus de 1 500 espèces de poissons tropicaux.

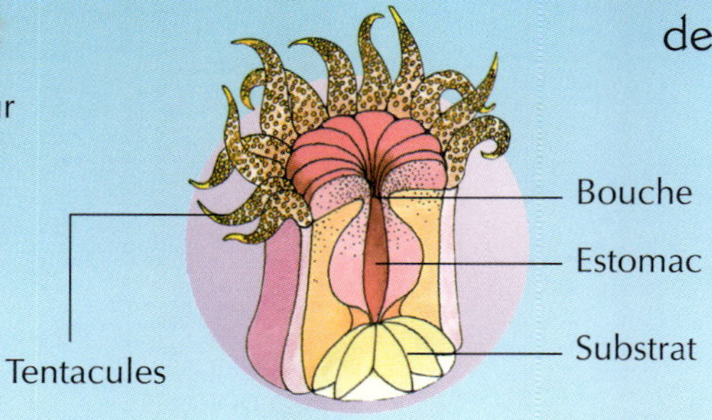

Coupe d'un polype

Liens Internet

Une page qui présente la faune australienne en photos. Pour le lien vers ce site, connecte-toi à : **www.usborne-quicklinks.com/fr**

Le nord tropical

La côte nord de l'Australie et l'île montagneuse voisine de Nouvelle-Guinée sont couvertes de forêts tropicales humides luxuriantes. Ces forêts abritent plus de 80 espèces de mammifères endémiques, y compris des kangourous grimpeurs, ou dendrolagues, ainsi qu'un grand nombre d'oiseaux singuliers d'une grande beauté.

Liens Internet
Deux sites : un clip vidéo avec un dendrolague et des images représentant divers paradisiers. Pour les liens vers ces sites, connecte-toi à :
www.usborne-quicklinks.com/fr

Ce magnifique paradisier déploie ses plumes splendides durant la parade nuptiale. Il s'agite, danse et pépie pour attirer l'attention de la femelle.

Un beau spectacle

Les paradisiers n'existent qu'en Nouvelle-Guinée. Le mâle aux couleurs éblouissantes attire les femelles, plus ternes, par une parade spectaculaire. L'un d'entre eux, le paradisier de Raggi, arbore un plumage rouge et or. Pour commencer, le mâle choisit une branche, qu'il dépouille de ses feuilles pour que sa parade soit facile à voir. C'est alors seulement qu'il commence à déployer et à secouer ses belles plumes.

On aperçoit, à gauche, la tête de la femelle. Le mâle et la femelle ne se retrouvent que durant la saison de reproduction, au printemps.

Des kangourous grimpeurs

Les pattes des dendrolagues sont différentes de celles des autres kangourous, et elles leur permettent de grimper. Celles de devant sont musclées et celles de derrière bougent indépendamment l'une de l'autre. Ils peuvent aussi sautiller d'arbre en arbre ou au sol.

Ce dendrolague de Matschie s'agrippe au tronc avec ses griffes afin de repérer quelque chose à manger.

Des oiseaux géants

Le cœur de la forêt tropicale humide n'abrite aucun grand mammifère. Le plus grand animal de la jungle est un gigantesque oiseau coureur, le casoar. Il atteint des vitesses de 50 km/h et se défend en envoyant des coups de ses pattes puissantes.

Le casoar possède une sorte de casque osseux sur la tête, qui la protège quand il court à travers la dense végétation.

★

D'habiles bâtisseurs

Contrairement au paradisier, l'oiseau à berceau, également appelé jardinier, a un plumage terme. Aussi, pour attirer les femelles, il va édifier des structures compliquées appelées berceaux. Certaines espèces les construisent autour d'un bâton central, avec un jardin de mousse devant. D'autres créent plutôt des tunnels ou des avenues. Quand le mâle a terminé son travail, il invite la femelle à l'inspecter. Elle choisit celui dont le berceau l'impressionne le plus.

★

Le mâle de cet oiseau à berceau, l'oiseau-satin, décore souvent son berceau de plumes, comme ici, ou de fleurs et de baies.

La brousse australienne

La brousse du centre de l'Australie, une région aride et poussiéreuse, ne connaît qu'une brève saison des pluies durant laquelle la terre se transforme en boue. De jour, ce paysage inhospitalier semble déserté, car les animaux se mettent à l'abri du soleil brûlant.
Mais il s'anime la nuit.

Liens Internet
Une page descriptive sur le wombat, avec un lexique de référence.
Pour le lien vers ce site, connecte-toi à :
www.usborne-quicklinks.com/fr

Par bonds et par sauts

Les kangourous sont les marsupiaux les plus grands et les plus rapides. Ils se déplacent en sautant sur leurs puissantes pattes de derrière réunies, lesquelles sont dotées de grands pieds. Leur longue queue musclée leur sert de balancier. Les mères n'ont aucun mal à sauter avec leur petit dans la poche, la tête pointant par l'ouverture. Le kangourou sait sauter dès trois mois mais se réfugie dans la poche à la moindre alerte.

★

Le jeune kangourou saute dans la poche de sa mère la tête la première, puis se retourne de façon à sortir sa tête par l'ouverture.

Ces deux mâles se battent pour conquérir le droit de s'accoupler avec une femelle. Celui de droite prend appui sur sa queue pour envoyer des coups de pattes de derrière.

L'abdomen de cette fourmi à miel est plein de nectar. Chez cette espèce, il peut enfler jusqu'à atteindre la taille d'un raisin.

Les fourmis à miel

Il existe, dans la brousse, des fourmis qui ont une méthode étonnante pour survivre pendant la longue saison sèche. Durant les pluies, les ouvrières gavent de nectar certaines de leurs congénères. Celles-ci grossissent à tel point qu'elles ne peuvent plus bouger. Puis, durant la saison sèche, elles régurgitent ce nectar, dont se nourrit le reste de la colonie.

Un monstre effrayant

Le lézard à collerette passe son temps dans les arbres, à l'abri des aigles et autres prédateurs. Mais si l'un d'eux s'approche trop près, le lézard ouvre la bouche et déploie subitement la collerette de peau qui entoure son cou, comme un parapluie. Il paraît ainsi bien plus gros et féroce. Pendant que son attaquant se remet de l'effroi que lui cause cette métamorphose, le lézard a le temps de prendre la fuite.

Ce lézard à collerette déploie sa collerette au maximum. Elle peut alors atteindre jusqu'à 35 cm de diamètre.

Devant derrière

De jour, le wombat s'abrite dans des terriers souterrains qu'il creuse de ses puissantes pattes de devant. La poche de la femelle s'ouvre vers l'arrière, ce qui permet au petit de sortir la tête sans recevoir de terre dans les yeux.

Jeune wombat sortant sa tête de la poche de sa mère.

★

Les deux trous situés sur le bec de cet ornithorynque sont ses narines ; il les ferme sous l'eau. On distingue une de ses pattes palmées, avec lesquelles il se propulse dans l'eau.

Les forêts du sud

Les forêts de l'Australie méridionale et de la Tasmanie sont beaucoup plus fraîches que les forêts tropicales du nord, et elles se composent principalement d'eucalyptus. Elles abritent de nombreux animaux endémiques : des koalas, des marsupiaux carnassiers et un animal à corps de mammifère et à bec de canard.

Des carnassiers à poche

Les diables de Tasmanie ne sont pas plus grands qu'un petit chien, mais depuis la disparition des loups marsupiaux dans les années 1990, ce sont désormais les plus grands carnassiers marsupiaux. Plutôt charognards que chasseurs, ils ont des mâchoires et des dents puissantes qui leur permettent de dévorer leur proie tout entière, la peau et les os compris.

Drôle de mélange

Avec son corps velu, son bec de canard et ses pattes palmées, l'ornithorynque ressemble à un étrange mélange d'animaux. À terre, avec ses pattes écartées, il a la démarche d'un lézard, mais dans l'eau, où il se nourrit de crustacés et de mollusques, c'est un nageur habile. Le mâle possède un éperon venimeux sur les pattes de derrière, dont il peut se servir pour se défendre des prédateurs.

Cette femelle de diable de Tasmanie se repose avec ses petits. Les premiers colons européens leur ont donné ce nom en raison de leur pelage noir et de leurs hurlements terrifiants.

Un grimpeur né

Malgré son allure de petit ours, le koala est en fait un marsupial. Excellent grimpeur, il a deux pouces à chaque patte de devant pour mieux s'agripper aux branches, ainsi qu'une peau striée sur les pattes de derrière pour ne pas glisser. Comme les feuilles d'eucalyptus qu'il mange lui fournissent nourriture et eau, il n'a presque jamais besoin de descendre au sol.

Liens Internet

Deux sites : une fiche descriptive sur l'ornithorynque et un clip vidéo du nourrissage d'un koala.

Pour les liens vers ces sites, connecte-toi à : **www.usborne-quicklinks.com/fr**

Ce jeune koala a environ un an. Comme il ne rentre plus dans la poche de sa mère, il se cramponne à son dos. Bientôt, il sera assez fort pour grimper tout seul.

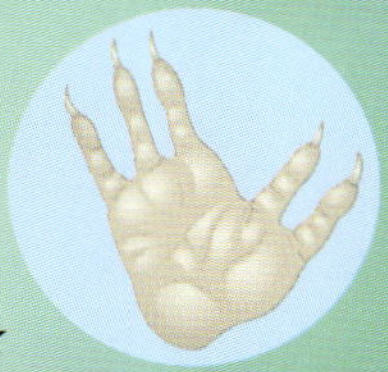

Les deux pouces du koala, opposés aux autres doigts, lui permettent de bien s'agripper.

★

Un imitateur

L'oiseau-lyre est un bon chanteur. Pendant la saison de reproduction, le mâle émet des sons d'une diversité étonnante, imitant d'autres oiseaux et même des bruits de moteur de voiture et de tronçonneuse, qu'il intègre à son chant. Il déploie également ses plumes rectrices pour attirer les femelles.

Dans la parade nuptiale, les plumes rectrices de l'oiseau-lyre retombent en cascade sur sa tête.

★

La Nouvelle-Zélande

Les îles isolées de la Nouvelle-Zélande se trouvent à 1 800 kilomètres au large des côtes de l'Australie. La Nouvelle-Zélande est la seule région du monde qui n'abrite aucun mammifère terrestre indigène, sauf deux espèces de chauves-souris. Le reste de la faune, par contre, est très singulier, avec oiseaux coureurs et insectes géants, et un reptile qui remonte à l'époque des dinosaures.

Talève takahé, un oiseau coureur supposé disparu en 1900, mais redécouvert en 1948. Il en subsiste seulement environ 250 aujourd'hui.

Vol inutile

Comme ils n'étaient menacés par aucun mammifère, certains oiseaux de Nouvelle-Zélande se sont adaptés à la vie au sol et ont perdu peu à peu la capacité de voler. Parmi les oiseaux coureurs de Nouvelle-Zélande, il y en avait autrefois de plus grands que les autruches, ainsi que des perroquets et des canards. Mais depuis que l'homme a introduit les mammifères terrestres, de nombreuses espèces ont disparu ou se sont raréfiées.

Un reptile très ancien

Le tuatara ressemble à un grand lézard, mais c'est en fait le seul survivant d'un groupe de reptiles de l'époque des dinosaures. On ne le trouve aujourd'hui que sur quelques petites îles situées au large de la Nouvelle-Zélande. Il se développe très lentement. Ses œufs mettent un an à éclore et il n'atteint sa taille adulte qu'à 20 ans. Il vit toutefois plus de 70 ans.

La peau écailleuse fripée du tuatara est en fait assez douce au toucher.

Ce tui se tient la tête en bas pour atteindre le nectar situé au fond de la fleur.

Des duos en solo

Le tui est un excellent oiseau chanteur, qui se fait souvent entendre. En fait, il possède deux larynx, ce qui lui permet d'exécuter deux chants à la fois. Il peut les chanter sur des tons différents, comme s'il faisait un duo.

Liens Internet
Une fiche pour te documenter sur l'oiseau rare qu'est le takahé.
Pour le lien vers ce site, connecte-toi à : **www.usborne-quicklinks.com/fr**

De gros œufs

Le kiwi est un oiseau coureur de la taille d'une poule, mais son œuf est six fois plus gros. Il occupe tant de place dans le ventre de la femelle qu'avant de le pondre, elle est incapable de manger pendant trois jours et se déplace en se dandinant, les pattes écartées. Quand elle l'a pondu, c'est le mâle qui s'en occupe.

★

Ce dessin montre la place qu'occupe un œuf dans le corps de la femelle d'un kiwi.

De doux géants

Le weta, qui pèse trois fois le poids d'une souris, est l'un des insectes les plus lourds. C'est un genre de grillon, mais il ne peut pas sauter à cause de son poids. Quand il est menacé, le weta dresse ses pattes épineuses, ce qui lui donne l'air féroce, mais il pique rarement.

Ce weta lève ses pattes de derrière pour intimider un attaquant. À cause de sa laideur, les Maoris l'ont baptisé d'un nom qui signifie « dieu des choses laides ».

L'Arctique

L'Arctique est un océan couvert de glace entouré des côtes septentrionales de l'Amérique du Nord, de l'Europe et de l'Asie. La température y dépasse très rarement 0 °C. L'été, le soleil ne se couche jamais et l'hiver, il fait nuit tout le temps. Seulement quelques rares espèces d'animaux y vivent toute l'année.

Liens Internet
Une rubrique sur l'adaptation des espèces au milieu polaire. Pour le lien vers ce site, connecte-toi à :
www.usborne-quicklinks.com/fr

La région arctique se situe à l'intérieur du cercle en pointillé. Le Groenland, l'île la plus grande du monde, en fait partie.

Légende

- Forêt
- Toundra
- Montagne
- Glace et neige

Cette carte signale seulement quelques-unes des espèces de l'Arctique.

Des animaux bruyants

Les morses sont les animaux les plus bruyants de l'Arctique. Par temps calme, on entend leurs grognements et leurs mugissements à des kilomètres de distance. Ils vivent la plupart du temps dans l'eau, où ils se nourrissent de crustacés, mais viennent sur la glace pour se reposer et mettre bas leurs petits. Ils se hissent hors de l'eau au moyen de leurs défenses extrêmement puissantes, qui peuvent atteindre jusqu'à 90 cm de longueur.

Le morse enfonce le bout de ses défenses dans la glace, comme des pics, pour avoir une bonne prise lorsqu'il se hisse hors de l'eau.

★

Des organismes microscopiques

Dans l'océan Arctique, la vie dépend de la présence d'organismes microscopiques appelés phytoplancton en suspension à la surface de la mer. Ceux-ci transforment l'énergie du soleil en aliments. Ils sont mangés par le zooplancton, dont se nourrissent à leur tour les poissons, les phoques et même les baleines.

De gros ours

Les ours polaires sont les plus grands ours du monde. Ils vivent sur les bords de la glace flottante de l'Arctique, d'où ils attrapent des phoques. Ils parcourent des centaines de kilomètres chaque année pour suivre la glace qui s'étend loin vers le sud en hiver et se rétracte vers le nord en été. Pour leur taille, ils ont de grosses pattes, qui répartissent plus largement leur poids quand ils se déplacent sur la glace et la neige. Ce sont d'excellents nageurs, franchissant souvent des distances allant jusqu'à 100 km entre les bancs de glace.

Ces ours polaires se reposent sur la glace. Sous leur fourrure blanche, ils ont la peau noire : celle-ci absorbe mieux la chaleur que la peau blanche. Elle transparaît sur leur museau.

Une tête gonflable

Le phoque à capuchon est l'une des espèces de phoques les plus singulières de l'Arctique. Il doit son nom au fait qu'il gonfle le sommet de sa tête pour former une sorte de capuchon. Il gonfle aussi la peau rouge qui tapisse ses narines soit pour intimider les autres mâles, soit pour séduire les femelles durant la période de reproduction. Il attire l'attention sur son nez gonflé en hochant la tête pour le faire trembler.

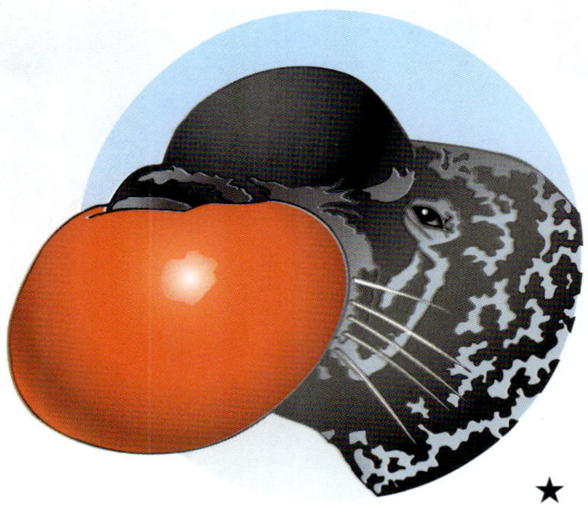

Le phoque à capuchon gonfle son nez en fermant une narine et en soufflant de l'air par l'autre.

★

La toundra et la taïga

Au sud de l'océan Arctique, se trouve la toundra, une région balayée par les vents. Il y fait trop froid pour que des arbres puissent y pousser et le sol reste gelé toute l'année. Au sud de la toundra s'étend la taïga, la plus grande ceinture de forêts du monde ; elle abrite des ours, des cervidés et d'innombrables petits mammifères et oiseaux.

À l'abri de l'hiver

La plupart des animaux quittent la toundra durant l'hiver. Ceux qui restent sont extrêmement résistants. Les souris et les lemmings demeurent au chaud dans leurs terriers, sous la neige, où ils se nourrissent du foin et des graines qu'ils ont amassés pendant l'été. Le lièvre arctique passe l'hiver à la surface. Sa fourrure épaisse lui tient chaud : il en a même entre les doigts. En cherchant à manger, il suit toujours les mêmes chemins, creusant ainsi des traces profondes dans la neige.

Le lièvre arctique possède de grosses pattes postérieures qui l'empêchent de s'enfoncer dans la neige.

Troupeau de wapitis mâles à l'orée de la taïga. Ils ont de longues pattes grêles qui les aident à se frayer un chemin à travers la neige profonde.

Un complément en minéraux

De nombreuses espèces de cervidés, y compris l'élan, le caribou et le wapiti, vivent dans la taïga. En hiver, quand la nourriture se fait rare, ils se rabattent sur l'écorce et les brindilles. Puis, vers la fin de l'hiver, ils perdent leurs bois. Il leur arrive de les ronger pour absorber les minéraux qu'ils contiennent.

Liens Internet
Une fiche sur le lièvre arctique.
Pour le lien vers ce site, connecte-toi à :
www.usborne-quicklinks.com/fr

Avec sa fourrure blanche, le renard polaire est difficile à distinguer dans la neige.

Une tenue de saison

Les prédateurs de la toundra ont du mal à trouver à manger. En hiver, les renards polaires suivent les ours polaires pour profiter des restes de leur repas, tandis que les hermines suivent leur proie à l'odeur sur de longues distances. Le pelage de ces deux animaux change avec les saisons, leur fournissant ainsi un excellent camouflage quand ils chassent.

Pelage de l'hermine pendant l'été

Pelage de l'hermine durant l'hiver

L'Antarctique

L'Antarctique est le continent le plus froid et le plus désert du monde. Peu de végétaux y poussent, et le plus grand animal terrestre est un moucheron. En revanche, les eaux de l'océan glacial Antarctique abondent en animaux tels que plancton, poissons, phoques, baleines et manchots.

Liens Internet

Un site sur les manchots des îles Crozet, au-dessus de l'Antarctique, leur suivi par satellite et d'autres informations. Pour le lien vers ce site, connecte-toi à :
www.usborne-quicklinks.com/fr

Une foule de manchots

Sept espèces de manchots vivent dans l'Antarctique. Ils supportent le froid grâce à leurs plumes courtes et serrées et à leur couche de graisse. Ils ne volent pas, mais ce sont d'habiles nageurs. Leurs ailes étroites et raides leur servent de nageoires.

D'énormes bouchées

L'été, des milliers de baleines arrivent en Antarctique pour se nourrir du plancton. Les plus grandes sont les baleines à fanons. À la place des dents, elles ont dans la bouche des lames cornées, les fanons, avec lesquelles elles filtrent leurs aliments dans l'eau. Ainsi, les animaux les plus grands du monde se nourrissent de certains des plus petits.

Lorsqu'elle nage, la baleine garde la bouche ouverte, afin de la remplir d'eau et d'aliments.

Puis elle ferme la bouche et expulse l'eau à travers les fanons qui retiennent la nourriture.

Carte de l'Antarctique. Ce continent est couvert en permanence d'une épaisse couche de glace. Elle s'étend également sur les mers qui le baignent. À certains endroits, la glace fait plus de 3 km de profondeur.

Ces manchots Adélie sont venus à terre pour se reproduire. Ils ont du mal à se déplacer sur la terre ferme et se dandinent. Ils descendent parfois les pentes en glissant sur le ventre.

Des poissons à antigel

De nombreuses espèces de poissons de l'Antarctique, comme le poisson des glaces et la légine antarctique, ont une substance antigel dans le sang qui les aide à supporter les basses températures. En circulant dans leur corps, cet antigel empêche la formation de cristaux de glace. Sans lui, ils seraient congelés !

Des phoques tueurs

D'immenses colonies de phoques vivent tout le long des côtes de l'Antarctique. Les plus féroces sont les léopards de mer, qui sont les seuls à se nourrir d'autres espèces de phoques, bien que leur ordinaire se compose de manchots Adélie. L'Antarctique abrite aussi les éléphants de mer, les plus gros phoques du monde. Le mâle peut atteindre jusqu'à 5 tonnes, ce qui est plus lourd qu'une voiture.

Cet éléphant de mer mâle a ouvert la gueule pour rugir. Ces phoques doivent leur nom à leur énorme nez semblable à une trompe.

Dans les océans

Les océans recouvrent plus des deux tiers de la surface de la Terre. Ils abritent une foule d'animaux, d'une diversité incroyable. La plupart d'entre eux vivent près de la surface, à la lumière du soleil, et dans les eaux côtières. Mais on en trouve aussi tout au fond de l'océan.

Cette baleine à bosse se sert de ses longues nageoires pour tourner et se diriger. Ces baleines possèdent les plus longues nageoires de tous les animaux.

Petits et grands

On dénombre plus de 20 000 espèces de poissons dans le monde, des minuscules gobies nains, pas plus gros que le bout de ton doigt, aux requins-baleines, plus longs qu'un autobus. Les poissons respirent en extrayant l'oxygène de l'eau avec leurs branchies.

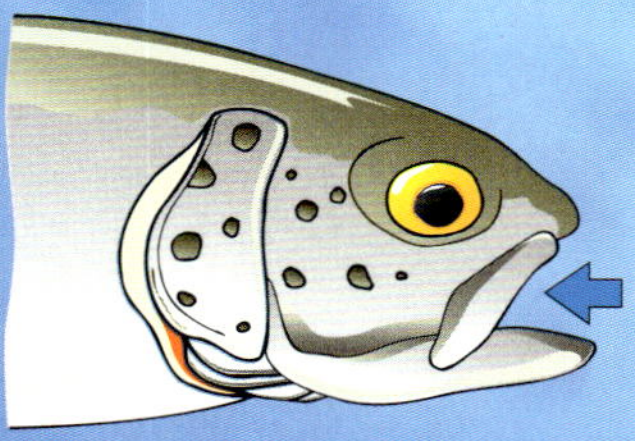

Pour respirer, le poisson ouvre la bouche et aspire de l'eau. Quand l'eau passe sur ses branchies, il extrait l'oxygène dissous dedans.

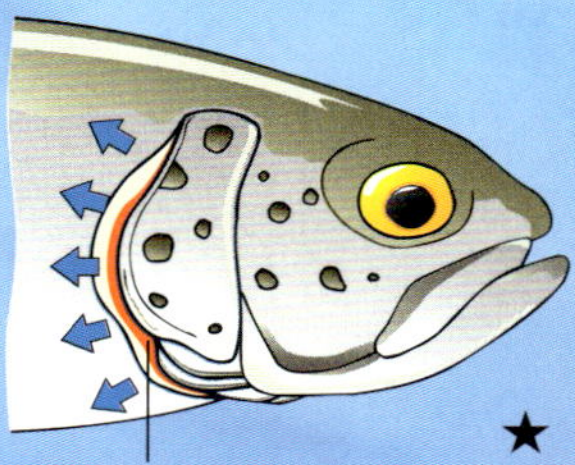

★

Le poisson expulse ensuite l'eau par ses ouïes.

Des espèces mortelles

Quelques-uns des animaux les plus venimeux vivent dans les océans. Certains, comme les limaces de mer, se servent de leur venin pour se défendre contre les prédateurs, tandis que d'autres l'utilisent pour chasser. Les méduses ont des cellules urticantes sur leurs tentacules, avec lesquels elles paralysent ou tuent leurs proies pour les manger.

Les longs filaments transparents de cette méduse sont ses tentacules. Le dessus s'appelle l'ombrelle.

Liens Internet

Un site sur les cétacés des Açores, où tu pourras entendre le chant des baleines. Pour le lien vers ce site, connecte-toi à : **www.usborne-quicklinks.com/fr**

Des géants sous-marins

Les baleines sont les plus gros animaux du monde. Bien qu'elles ressemblent à des poissons, ce sont en fait des mammifères. Elles se nourrissent et se reproduisent sous l'eau, mais viennent à la surface pour respirer. Le trou par lequel elles respirent, appelé évent, se trouve sur le sommet de leur tête. Elles peuvent donc respirer sans trop sortir la tête de l'eau.

Un animal bien adapté

Les tortues, des reptiles, ont colonisé les mers il y a plus de 200 millions d'années. Elles sont remarquablement bien adaptées à la vie dans les océans, avec leurs puissantes nageoires antérieures et leurs petites nageoires postérieures qu'elles utilisent pour se diriger. Leur carapace légère et faiblement bombée leur permet de glisser facilement dans l'eau. Quand elles sont actives, elles remontent respirer à la surface assez souvent, mais au repos, elles peuvent rester submergées jusqu'à deux heures d'affilée.

Tortues vertes d'Hawaï. Elles doivent leur nom à la couleur de leur graisse sous-cutanée, qui provient des algues dont elles se nourrissent.

Les récifs de corail

Plus d'un quart des animaux marins vivent dans les récifs coralliens, des habitats répartis dans l'ensemble des eaux tropicales peu profondes éclairées par le soleil. Une foule d'animaux divers s'y nourrit et s'y abrite.

Ce grand poulpe rouge est surtout actif dans la journée. Il possède huit bras couverts de ventouses avec lesquels il saisit ses proies.

Durs et mous

Il existe deux types de polypes coralliens, les durs et les mous. Dans les coraux mous, le squelette est à l'intérieur du corps, dans les coraux durs, il est à l'extérieur. Les polypes des coraux durs gardent leurs tentacules à l'intérieur du squelette dans la journée et les sortent la nuit.

Coins et recoins

Les récifs coralliens forment de multiples recoins où les animaux peuvent se cacher et s'abriter. Même les poulpes, qui semblent trop gros pour se cacher dans les récifs, parviennent à glisser leur corps mou dépourvu de squelette dans des espaces incroyablement réduits.

Récifs coralliens du Pacifique Sud. Les coraux de couleurs vives sont mous, les ternes sont durs. La photo a été prise dans la journée ; on ne voit donc des coraux durs que leur squelette.

Ces poissons jaunes sont des anthias. Ils sont nombreux dans les récifs et se nourrissent des organismes minuscules du zooplancton.

Des nettoyeurs

Les poissons ont besoin de rester propres mais ne peuvent pas se nettoyer. Dans les récifs coralliens, de petits poissons, les labres nettoyeurs, débarrassent les gros de la peau morte et des parasites. Ils attirent leurs « clients » par une danse en zigzag. Les grandes crevettes nettoyeuses nettoient aussi d'autres espèces, enlevant les débris de nourriture coincés entre leurs dents avec leurs longues pinces pointues.

Cette rascasse volante est couverte d'épines, mais seules celles du dos sont venimeuses.

★

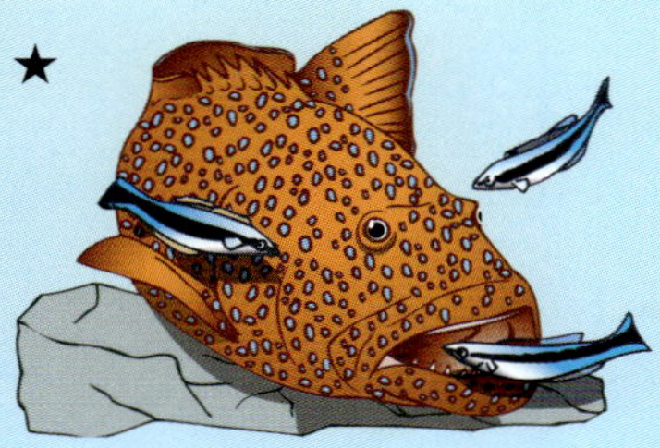

Le mérou laisse les labres nettoyeurs entrer dans sa bouche sans les manger. Ils nettoient ses dents.

★

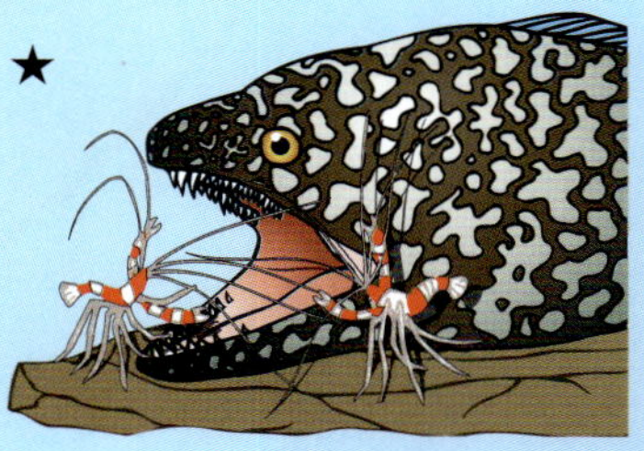

Les grandes crevettes nettoyeuses travaillent ensemble, se nourrissant des champignons qui poussent sur les dents et la peau d'une murène.

Des épines venimeuses

De nombreuses espèces de poissons des récifs coralliens ont un instinct territorial très poussé ; elles défendent avec vigueur l'endroit du récif où elles se nourrissent. La rascasse volante, par exemple, s'avance vers les envahisseurs et les menace de ses épines venimeuses. S'ils ne s'en vont pas, elle se jette en avant pour les empaler avec.

La haute mer

La vie en haute mer est difficile. Il n'y a pas d'endroit où se cacher des prédateurs : les petits poissons vivent en général en grands groupes, ou bancs, pour se protéger. Les prédateurs ont souvent de grandes distances à parcourir pour trouver à manger, et ils ont donc besoin d'être des chasseurs rapides et efficaces pour survivre.

Des requins rapides

La plupart des requins de haute mer ont un corps hydrodynamique conçu pour la vitesse, un museau pointu et une queue puissante. Les grands requins, comme le requin océanique, sont plus lents et plus trapus, mais foncent quand même à la vitesse de l'éclair sur leurs proies.

Un bol d'air

On dénombre plus de vingt espèces de dauphins dans l'océan. Ce sont des mammifères qui respirent par un évent situé sur le dessus de la tête. Pour un dauphin, le moment le plus dangereux de sa vie est celui de la naissance : le delphineau doit vite monter à la surface prendre sa première bouffée d'air.

★

La mère met au monde son petit près de la surface pour qu'il n'ait pas loin à aller pour sa première respiration.

De sa tête et de son museau, la mère pousse le delphineau hors de l'eau pour l'aider à respirer.

Les requins océaniques se distinguent par leurs grandes nageoires à bout blanc. Ils atteignent près de 4 m et attaquent parfois les nageurs.

Le requin océanique n'avalera pas ces poissons pilotes : il préfère une proie plus substantielle. Ceux-ci se nourrissent des restes du requin, dont la présence les protège des autres prédateurs.

Liens Internet
Un dossier pour te renseigner sur les dauphins : description, alimentation, etc. Pour le lien vers ce site, connecte-toi à : **www.usborne-quicklinks.com/fr**

Un corps aplati

Les raies sont de proches parents des requins. Elles ont le corps incroyablement plat et de grandes nageoires triangulaires. La plus grande, la raie manta, est aussi large que quatre voitures garées côte à côte. Elle se nourrit de plancton qu'elle pousse dans sa bouche avec les lobes situés sur sa tête.

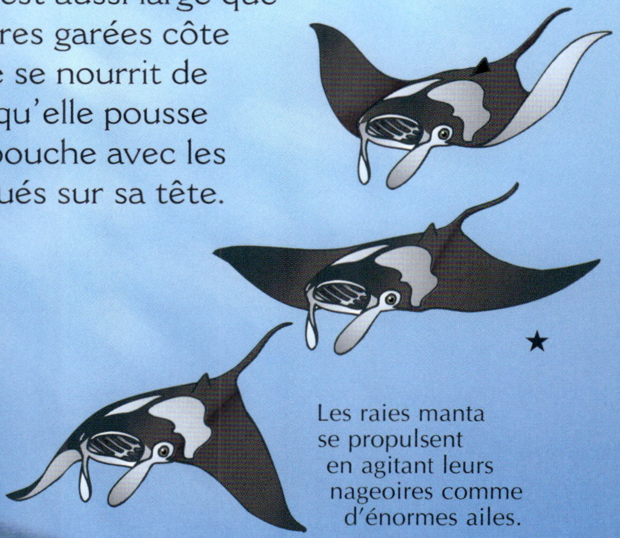

Les raies manta se propulsent en agitant leurs nageoires comme d'énormes ailes.

Comme une épée

Les marlins sont parmi les chasseurs les plus rapides de l'océan. Ils chassent en groupe, encerclant les bancs de poissons et les rassemblant en groupes serrés avec leur rostre effilé. Chacun à leur tour, ils foncent dans le banc, mangeant autant de poissons qu'ils peuvent.

En fonçant dans le banc de poissons, le marlin assomme ou tue les poissons avec son rostre acéré avant de les happer.

Les monstres des abysses

Le fond de la mer abrite certains des animaux les plus étranges de la Terre. Comme il n'y a pas de végétaux, tous les animaux qui y vivent sont des prédateurs. Ils se nourrissent les uns des autres ou des restes d'autres animaux marins descendus de la surface.

Des pointes et du mucus

Le vampire infernal des profondeurs vit à des profondeurs de 1 000 mètres. L'envers de ses tentacules est hérissé de pointes acérées. Lorsqu'il les retourne, ces tentacules forment un bouclier qui repousse les prédateurs. Leur bout dégage aussi un mucus brillant qui surprend les attaquants et permet au vampire infernal de s'enfuir.

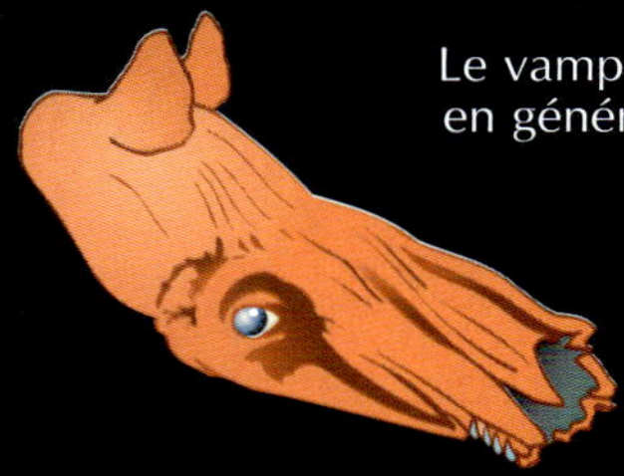

Le vampire infernal nage en général les tentacules devant le corps.

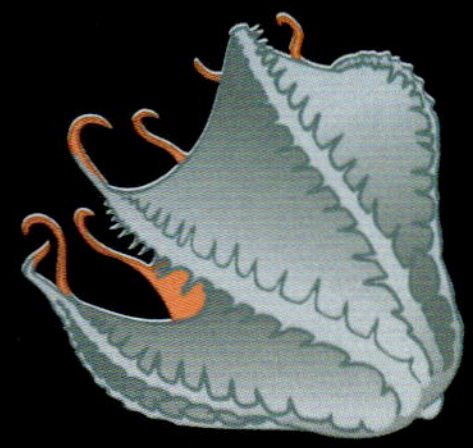

Quand il est menacé, il s'en recouvre la tête comme ceci.

★

Liens Internet
Pars à la découverte de la vie dans les profondeurs, et de la faune qui les peuple. Pour le lien vers ce site, connecte-toi à :
www.usborne-quicklinks.com/fr

Une canne à pêche

Le poisson-pêcheur possède un organe semblable à une « canne à pêche » au sommet de la tête. Des bactéries lumineuses se rassemblent au bout. Lorsqu'il a faim, il l'agite pour attirer les autres poissons, qu'il avale.

Poisson-pêcheur femelle. Grosse comme le poing d'un bébé, elle est quand même plus grande que le mâle.

Le grand-gousier pélican

Le grand-gousier pélican se limite pour ainsi dire à d'immenses mâchoires attachées à un estomac très long et à une queue semblable à un fouet. L'adulte dépasse 1,8 m. Il se nourrit surtout de petits poissons et de crevettes mais quand il mange des poissons aussi gros que lui, ses énormes mâchoires se décrochent et son estomac s'étire.

On distingue l'œil minuscule du grand-gousier pélican au bout de son museau (à droite). Il ne s'en sert pas pour chasser : il se contente de nager les mâchoires grandes ouvertes.

Pour donner le change

Comme tant de prédateurs affamés rôdent dans les profondeurs, il faut des stratégies astucieuses pour survivre. Le poisson-phare possède des poches de bactéries lumineuses qui l'aident à voir ses proies et à les attraper. S'il est repéré par un prédateur, il fait disparaître la poche sous un muscle et devient soudain invisible.

Grâce aux bactéries lumineuses qui marquent son corps, le poisson-hachette se confond avec l'eau. Son corps aplati et ses flancs argentés qui reflètent la lumière le rendent presque invisible aux autres poissons.

★ 

Les lumières du poisson-hachette sont réparties le long de ses flancs.

★ 

Le poisson-phare possède une poche lumineuse sous chaque œil.

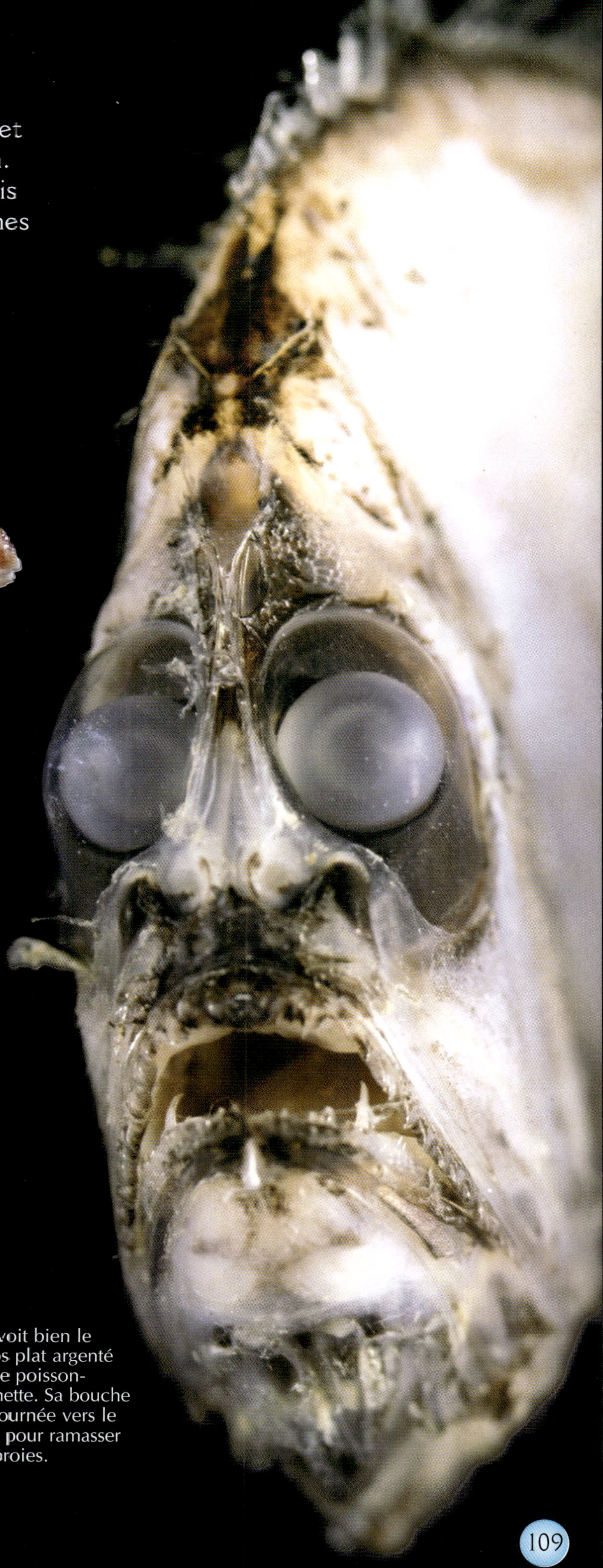

On voit bien le corps plat argenté de ce poisson-hachette. Sa bouche est tournée vers le haut pour ramasser les proies.

Faits et records
glossaire et index

Le savais-tu ?

Les animaux sont capables d'accomplir des choses étonnantes. Parfois, on ne peut que deviner les raisons de leur comportement. Tu trouveras ci-dessous une foule d'informations fascinantes.

La sterne arctique, un oiseau migrateur, parcourt des distances incroyables. Chaque année, elle fait l'aller-retour entre l'Arctique et l'Antarctique. Chaque voyage prend deux mois.

Quand le réduve attrape un autre insecte pour le manger, il le pique de son rostre pointu et injecte un poison qui dissout l'intérieur de la bestiole. Il aspire ensuite ce liquide, ne laissant que la carapace vide.

La plupart des prédateurs ne se nourrissent que de proies qu'ils ont tuées eux-mêmes. Pour se protéger, la couleuvre fait la morte quand un prédateur s'approche. Elle s'allonge la tête à l'envers, la langue pendante.

La corne de devant du rhinocéros blanc peut atteindre jusqu'à 1,5 m de long. Elle est en kératine, la substance dont sont formés nos ongles.

L'hippocampe est une des rares espèces dont le mâle donne naissance au petit. La femelle pond ses œufs dans une poche sur l'abdomen du mâle. Deux semaines après, il donne naissance à de minuscules petits.

Le dromadaire emmagasine jusqu'à 35 kilos de graisse dans sa bosse. Il peut vivre de ces réserves jusqu'à un maximum de 33 jours.

Le cobra royal a plus de venin que tout autre serpent. La quantité qu'il injecte à chaque morsure est capable de tuer une personne en une demi-heure.

Lorsqu'on l'attaque, le phrynosome cornu fait gicler un peu de sang par des trous situés sous ses yeux. Ce sang a tellement mauvais goût que les prédateurs préfèrent changer de menu.

Le bernard-l'ermite vit dans la coquille abandonnée d'un autre animal, car la sienne est trop molle pour le protéger. Il la transporte sur son dos et se cache dedans dès qu'il se sent menacé.

Les larves de phryganes ont le corps mou. Pour se protéger, elles se font un fourreau de grains de sable et de coquillages collés ensemble à l'aide d'une substance qu'elles sécrètent.

Dauphins tachetés. Comme tous les dauphins, ils ne dorment jamais qu'avec une moitié de leur cerveau. L'autre reste éveillée, car ils en ont besoin pour continuer à respirer.

Ces aras sont des perroquets. Ceux-ci vivent plus longtemps que la plupart des autres oiseaux – souvent plus de 50 ans.

Le porc-épic d'Amérique a environ 30 000 piquants, chacun mesurant jusqu'à 13 cm. Mis bout à bout, ceux d'un seul animal ateindraient le tiers de la hauteur du mont Everest.

Les puces peuvent faire des sauts de 200 fois la longueur de leur corps. C'est comme si, toi, tu sautais à 240 m. Taille réelle d'une puce : 

L'hoatzin est aussi appelé « oiseau-qui-pue » à cause de l'odeur de bouse de vache qu'il dégage pendant la digestion.

Quand le boa caoutchouc est menacé, il cache sa tête sous son corps et dresse sa queue qui ressemble à une tête. Si l'ennemi l'attaque, il s'en prendra à la queue plutôt qu'à la tête.

Le chamois, une chèvre de montagne, est le grimpeur le plus rapide. Il est capable de parcourir 915 m en seulement 15 minutes.

Le poisson-hachette d'eau douce « vole » : en effet, il peut parcourir jusqu'à 3 m dans les airs. Il saute hors de l'eau, puis bat des nageoires.

Le narval n'a que deux dents. Chez le mâle, la deuxième forme une défense spiralée qui peut atteindre 2,5 m de long.

La chauve-souris vampire boit environ 70 % de son poids en sang chaque nuit. Elle le prélève sur des animaux endormis.

Le bousier ramasse les excréments d'autres animaux et en fait des boules. Il roule cette boule dans son terrier souterrain et pond des œufs dedans.

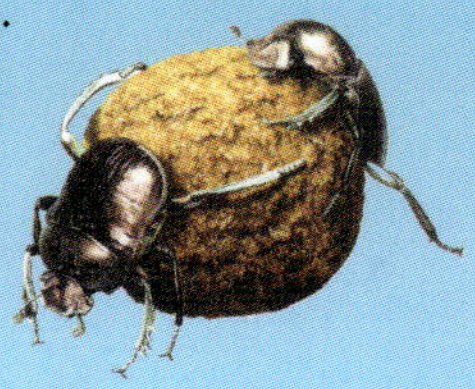

Les anguilles jardinières semblent plantées au fond de la mer. En fait, elles vivent dans des trous, dans le sable. Elles sortent la tête pour attraper leur nourriture au passage.

Pour se cacher des ennemis, la cicadelle écumeuse s'entoure d'écume en crachant de l'air ainsi que de la salive par son arrière-train.

Liens Internet

Une page qui présente quelques faits intéressants sur la vision des animaux. Pour le lien vers ce site, connecte-toi à :
www.usborne-quicklinks.com/fr

Records d'animaux

Voici certains des records les plus spectaculaires atteints par les animaux, parmi lesquels les plus grandes espèces, les plus petites et les plus rapides qui existent actuellement.

Liens Internet

D'autres records étonnants d'animaux. Pour le lien vers ce site, connecte-toi à : **www.usborne-quicklinks.com/fr**

Cet énorme animal est un éléphant d'Afrique adulte. Vu sa taille, il lui faut environ 230 kilos de feuilles par jour.

Les plus grands

- Animaux – à l'âge adulte, la baleine bleue est aussi longue que 3 autobus et pèse plus lourd que 20 éléphants.

- Animaux terrestres – l'éléphant d'Afrique atteint jusqu'à 4 m de hauteur. À la naissance, il mesure déjà 1 m.

- Oiseaux – l'autruche peut atteindre 2,5 m.

- Insectes – avec ses 19 cm, le dynaste hercule d'Amérique est l'un des plus grands insectes.

Les plus petits

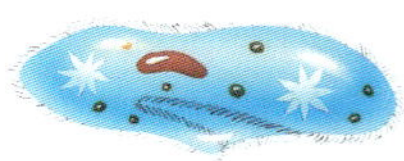

- Animaux – les paracémies sont les plus petits animaux. On les voit seulement au microscope.

- Oiseaux – les colibris sont les plus petits oiseaux du monde. L'espèce la plus petite est de la taille d'une abeille.

- Mammifères – les pachyures étrusques sont les plus petits mammifères. Ils font à peu près la taille de ton doigt.

Chacune des ailes d'un albatros fait environ la longueur d'une personne. Ces oiseaux parcourent chaque jour de vastes distances en planant sur les courants.

Les plus mortels

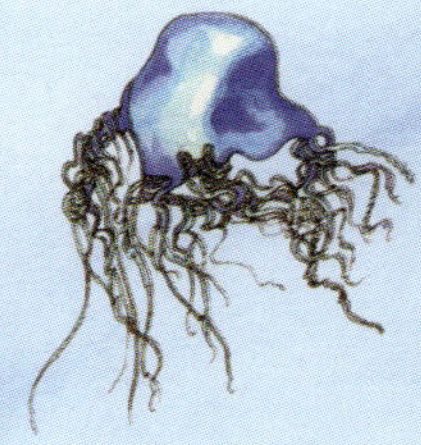

Poison – la cuboméduse est si venimeuse que, d'une seule piqûre, elle tue une personne en quelques minutes.

Morsure – le grand requin blanc possède des rangées de dents acérées, au bord en dents de scie, atteignant jusqu'à 7,5 cm de longueur. Il attaque d'une seule morsure, puissante et mortelle.

Les plus grandes parties du corps

Ailes – l'oiseau à la plus grande envergure est l'albatros. Ses ailes atteignent jusqu'à 3,5 m d'un bout à l'autre.

Yeux – les yeux du calmar géant sont aussi gros que la tête d'une personne.

Cou – le cou d'une girafe mesure environ 1,8 m, la taille d'un homme grand.

Tête – la tête du cachalot est à peu près de la taille d'une voiture.

Les plus rapides

Animaux nageurs – le voilier peut atteindre jusqu'à 110 km/h.

Animaux volants – de très haut, en piqué, le faucon pèlerin peut descendre à la vitesse de 250 km/h.

Animaux coureurs – sur de courtes distances, le guépard atteint 105 km/h, ce qui est à peu près la vitesse d'une voiture rapide.

Ce guépard rassemble ses pattes, avant de bondir d'un coup de ses puissantes pattes postérieures.

À toi de répondre

Que sais-tu sur ces animaux ? Évalue-le en répondant à ces questions. La solution se trouve page 121.

En regardant attentivement, on voit que cet atèle s'agrippe à la branche avec trois pattes et la queue.

Regarde bien !

Examine les images ci-dessous et essaie de répondre aux questions.

1. L'atèle ci-contre possède une queue préhensile, dont il se sert comme d'une patte supplémentaire pour s'accrocher aux branches. De quel continent vient-il ?

a) Amérique du Sud b) Afrique c) Europe

2. Les photos ci-dessous sont des gros plans de quatre des animaux qui apparaissent dans ce livre. Desquels s'agit-il ?

a) 

b) 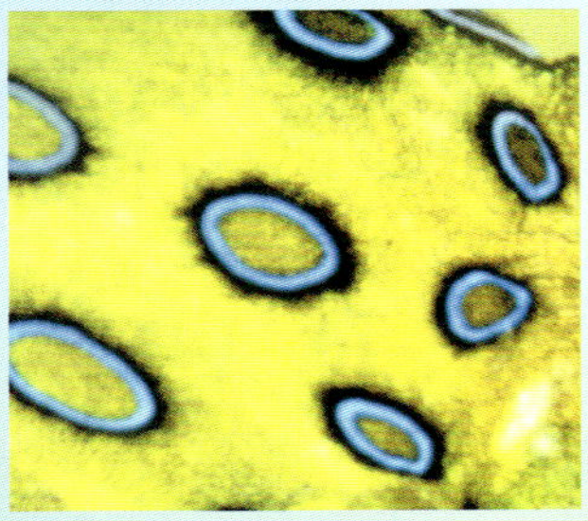

c) 

d) 

3. Les animaux ci-contre sont une mère kangourou et son petit. Quand il est né, il était si petit qu'il aurait pu loger dans une petite cuiller. Il est resté dans une poche sur le ventre de sa mère jusqu'à environ trois mois. De quel groupe d'animaux fait-il partie ?

a) les amphibiens
b) les marsupiaux
c) les monotrèmes

Ce jeune kangourou apprend à sauter. Il a environ six mois.

L'imposteur

Parviendrais-tu à faire croire à un animal que tu appartiens à la même espèce ? Pour le savoir, réponds à ces questions.

1. Tu es un fou à pieds bleus et tu cherches une partenaire. Que fais-tu ?

a) Je pousse des cris rauques et bruyants.
b) Je bats des ailes.
c) J'agite les pieds.

2. Tu es un chimpanzé qui vit avec d'autres chimpanzés. Comment salues-tu tes amis ?

a) Je tends la main.
b) Je les fixe du regard.
c) Je me gratte sous les bras.

3. Tu es un calao rhinocéros. Ta femelle vient de pondre ses œufs dans un trou d'arbre. Que fais-tu ensuite ?

a) Je m'envole.
b) Je m'installe sur les œufs pour les couver.
c) Je bouche l'ouverture du nid avec de la boue.

4. Tu es un aye-aye et tu viens de repérer de délicieux insectes dans un arbre. Comment les sors-tu de l'écorce ?

a) Je les aspire.
b) J'arrache l'écorce.
c) Je les extrais avec les doigts.

Quiz rapide

1. Quels sont les seuls mammifères volants ?

2. Quel est le plus grand animal du monde ?

3. Comme distingue-t-on les alligators des crocodiles ?

4. Pourquoi les vautours ont-ils des plumes courtes sur la tête ?

5. Les takahés volent-ils ?

6. Comment s'appelle le singe qui a le plus grand nez ?

7. Comment le poisson-archer attrape-t-il sa proie ?

8. Les manchots vivent-ils dans l'Arctique ou dans l'Antarctique ?

Liens Internet

Des carnets d'histoire naturelle à consulter, pour trouver d'autres renseignements fascinants sur un tas d'espèces d'animaux. Pour le lien vers ce site, connecte-toi à : **www.usborne-quicklinks.com/fr**

Crocodile marin d'Australie. Les crocodiles marins sont les plus grands reptiles actuels. Ils atteignent jusqu'à 7 m de long.

Glossaire

Tu trouveras aux pages 118 à 121 l'explication de certains termes concernant les animaux. Les mots en italique sont définis ailleurs dans le glossaire.

adaptation Manière dont une *espèce* d'animal ou de végétal évolue dans le temps pour mieux survivre dans son *habitat*.

amphibien *Animal à sang-froid* et à peau molle. La plupart des amphibiens vivent sur la terre, mais ils se reproduisent dans l'eau.

animal à sang chaud Animal dont le corps est capable de produire sa propre chaleur. Ces animaux continuent à avoir chaud même par temps froid.

animal à sang froid Animal incapable de produire de la chaleur dans son corps. Les animaux à sang froid ont la même température que le milieu extérieur.

animal domestique Se dit d'un animal que l'homme a apprivoisé et qu'il élève pour la nourriture, les vêtements ou encore le transport.

animal social Animal qui vit avec d'autres membres de son *espèce* au sein d'un groupe à l'organisation complexe.

antennes Appendices au nombre de deux, situés sur la tête de certains insectes et animaux marins, qui leur servent d'organes du goût, de l'odorat et du toucher.

arthropode Animal doté d'un squelette externe et de pattes articulées. Les arthropodes ne possèdent pas de colonne vertébrale. Les insectes, les araignées, les mille-pattes et les crabes font tous partie de cette catégorie.

bactérie Organisme unicellulaire rudimentaire vivant dans le sol, dans l'air, ainsi que dans les végétaux et les animaux.

banc Énorme groupe de poissons assemblés par espèce.

bois Structures au nombre de deux situées sur la tête des cervidés, en général en os, servant principalement au combat. Réservés la plupart du temps aux animaux mâles, les bois tombent et repoussent tous les ans.

branchies Organes qui permettent à la plupart des poissons d'absorber l'oxygène de l'eau.

camouflage Couleurs et taches du pelage permettant à un animal de se confondre avec l'environnement dans lequel il se trouve.

canopée Couche supérieure de la forêt, formée de feuilles et de branches.

carcasse Se dit du corps d'un animal mort.

carnivore Animal qui se nourrit seulement de viande.

chaîne alimentaire Série d'organismes vivants, dont chacun est mangé par le suivant. Par exemple, un végétal est mangé par un *herbivore*, qui est à son tour mangé par un *carnivore*.

charognard Animal qui se nourrit du corps d'animaux morts.

colonie Groupe important d'animaux qui vivent ensemble, par exemple les manchots.

combat rituel Combat que se livrent certains mâles pour faire la preuve de leur force et conquérir le droit de s'accoupler avec une femelle. Il se termine rarement par des blessures graves.

conservation Protection des végétaux et des animaux ainsi que de leur *habitat*.

danse frétillante Se dit des mouvements effectués par les abeilles pour indiquer aux autres où se trouvent les sources d'aliments.

danse thermorégulatrice Sautillement qu'effectuent certains animaux comme les lézards et les caméléons pour empêcher qu'une partie de leur corps ne reste trop longtemps en contact avec le sol brûlant.

décomposeur Organisme qui décompose les végétaux et animaux morts et restitue à la terre les minéraux qu'ils contiennent.

delta Ensemble des bras formés par une rivière ou un fleuve quand il arrive à la mer.

dent d'éclosion Bosse située sur le bec d'un oisillon, avec laquelle il brise sa coquille.

désert Région où les pluies sont rares ou inexistantes, et où vivent seulement quelques végétaux et animaux.

écosystème Communauté d'animaux et de végétaux différents qui vivent ensemble.

élevage en captivité Élevage d'*espèces menacées* dans un zoo ou bien dans une *réserve naturelle* pour empêcher leur disparition.

environnement Tout ce qui nous entoure, y compris le paysage, les êtres vivants et l'atmosphère.

épouillage mutuel Action d'un animal consistant à en nettoyer un autre pour enlever les parasites et la peau morte. L'épouillage est aussi un signe d'affection qui renforce les liens entre les animaux.

espèce Type particulier d'animal ou de végétal.

espèce endémique *Espèce* rencontrée seulement dans une région bien définie.

espèce menacée *Espèce* qui risque de disparaître complètement de la planète.

évent Trou situé sur la tête d'une baleine ou d'un dauphin leur servant à respirer.

extinction Disparition d'une *espèce* entière d'animal ou de végétal.

fanons Grandes lames cornées qui garnissent la mâchoire supérieure des baleines à fanons. Elles leur servent à filtrer la nourriture dans l'eau de mer.

forêt tropicale humide Forêt luxuriante et dense, à forte pluviosité, des régions tropicales.

formation herbeuse Espace découvert où poussent des graminées et où les arbres sont clairsemés.

frai Œufs de divers animaux aquatiques, par exemple les poissons et les grenouilles.

glandes mammaires Parties du corps d'un *mammifère* qui produit du lait.

grand singe Singe sans queue, possédant des mains et des pieds *préhensiles* et une face presque glabre. Il en existe quatre sortes : les gorilles, les bonobos, les orangs-outans et les chimpanzés.

habitat Milieu particulier où vit une *espèce* de végétal ou d'animal.

herbivore Animal qui se nourrit uniquement de végétaux.

hibernation Sorte de sommeil grâce auquel certains animaux parviennent à supporter les grands froids.

hutte Abri que construit le castor, au moyen de boue et de branchages. Les castors construisent leur hutte au milieu de plans d'eau. L'entrée est submergée.

intimidation Comportement d'un animal ayant pour but de faire peur à un adversaire, en général de la même *espèce*, sans vraiment se battre avec lui.

kératine Substance dont sont formés les cornes, les poils et les ongles.

mammifère *Animal à sang chaud* qui nourrit ses petits au moyen de ses *glandes mammaires*. Les mammifères sont en général couverts de poils ou d'un pelage. La plupart d'entre eux mettent au monde des petits vivants, à l'exception des *monotrèmes,* qui pondent des œufs.

mangrove Partie d'un littoral composée de racines enchevêtrées, de vasières et d'eau peu profonde.

marsupial *Mammifère* qui met au monde des petits encore peu développés. Le bébé marsupial achève de grandir dans une poche située sur le ventre de sa mère.

migration Déplacement d'animaux d'un endroit à un autre à certains moments de l'année pour trouver à manger ou un environnement plus clément.

mimétisme Action d'imiter des animaux dangereux pour effrayer les *prédateurs*.

monotrème *Mammifère* qui pond des œufs. Il en existe seulement trois sortes, qui vivent toutes en Australie et en Nouvelle-Guinée.

moustaches Poils longs et raides situés sur la face d'un *mammifère*. Elles sont sensibles au toucher et lui permettent de détecter de faibles déplacements d'air.

nectar Jus sucré produit par les fleurs.

nocturne Actif la nuit.

océan L'une des cinq grandes masses d'eau salée qui couvrent la surface de la Terre.

œil composé Œil formé de nombreuses unités sensibles à la lumière.

oiseau de proie Oiseau, également appelé rapace, qui chasse d'autres animaux pour s'en nourrir.

organe de Jacobson Organe situé sur le palais de la bouche d'un animal, lui servant à détecter les goûts et les odeurs.

ovipare Se dit d'un animal qui se reproduit en pondant des œufs. Les oiseaux et les *reptiles* sont ovipares. Parmi les *mammifères*, seuls les *monotrèmes* sont ovipares.

parade nuptiale Chez certains animaux, comportement destiné à attirer l'attention d'une femelle.

parc national Zone délimitée sur laquelle il est interdit par la loi de faire des aménagements ou de construire.

phéromone Substance chimique sécrétée par certains animaux pour communiquer les uns avec les autres.

phytoplancton *Plancton* végétal.

plancton Organismes végétaux ou animaux minuscules qui flottent dans les mers et dans les lacs. Le plancton est l'aliment principal de nombreux poissons et baleines.

plumage Ensemble des plumes d'un oiseau.

plume rectrice Plume de la queue d'un oiseau.

pollen Grains minuscules produits et libérés par les plantes, qui contiennent les cellules reproductrices mâles.

pollinisation Dépôt du *pollen* d'un végétal sur les organes reproducteurs femelles d'une autre plante de la même *espèce*, qu'il fertilise, produisant des graines. Le pollen peut être transporté d'une plante à une autre par le vent et l'eau, ou bien par un animal.

prairie *Formation herbeuse* naturelle des États-Unis.

prédateur Animal qui chasse d'autres animaux pour se nourrir.

préhensile Se dit d'une forme qui permet de saisir. De nombreux animaux ont ainsi une queue préhensile qui les aide à grimper.

proie Animal que chasse un *prédateur* pour s'en nourrir.

pupe Enveloppe extérieure dure qui se développe autour d'une chenille, quand elle se transforme en papillon.

pupille Ouverture située au milieu de l'œil d'un animal, par laquelle pénètre la lumière.

récif corallien Structure composée de minuscules squelettes d'animaux, que l'on appelle des polypes coralliens.

reproduction Accouplement pour avoir des petits.

reptile *Animal à sang froid* et à peau écailleuse.

réserve naturelle Zone gérée pour favoriser la *conservation* d'animaux, de végétaux et de leur *habitat*.

rongeur *Mammifère*, comme les souris et les rats, dont les dents de devant lui permettent de ronger.

ruche Abri d'une *colonie* d'abeilles, composé de milliers d'alvéoles en cire.

savane *Formation herbeuse* des régions tropicales abritant peu d'arbres et de fleurs.

serres Griffes de certains oiseaux, en particulier des *oiseaux de proie,* par exemple l'aigle. Elles sont longues, recourbées et acérées.

steppe *Formation herbeuse* naturelle d'Europe orientale et d'Asie centrale.

taïga La ceinture presque continue de forêts à feuilles persistantes qui s'étend à travers l'Asie, l'Amérique du Nord et l'Europe, près de l'Arctique.

tentacule Partie du corps fine et allongée utilisée par un animal pour se nourrir et attraper ses proies.

terrier Abri creusé dans le sol par un animal sauvage.

territoire Zone qu'un animal défend contre les intrus, en particulier ceux appartenant à la même *espèce*.

toundra Zone qui borde l'Arctique et est dépourvue d'arbres, dont le sol est en partie gelé en permanence.

troupe Groupe de lions qui vivent ensemble.

troupeau Groupe d'animaux d'une même *espèce* qui vivent et se nourrissent ensemble, en particulier les moutons et les chèvres.

venimeux Se dit de tout animal capable d'injecter du venin en mordant sa victime ou en la piquant. Les serpents sont venimeux.

vision binoculaire Capacité à voir les objets des deux yeux à la fois. C'est le cas de nombreux *prédateurs*, tels le tigre et la chouette, ainsi que des êtres humains.

Réponses aux questions des pages 116 et 117

Regarde bien !

1. a. L'Amérique du Sud
2. a. Un zèbre
b. Un poulpe à anneaux bleus
c. Un guépard
d. Un bongo
3. b. Les marsupiaux

L'imposteur

1. c. J'agite les pieds.
2. a. Je tends la main.
3. c. Je bouche l'ouverture du nid avec de la boue.
4. c. Je les extrais avec les doigts.

Quiz rapide

1. Les chauves-souris
2. La baleine bleue
3. La quatrième dent de la mâchoire inférieure du crocodile reste visible même quand il ferme la gueule.
4. Pour pouvoir enfoncer leur tête dans une carcasse sans se salir les plumes quand ils se nourrissent.
5. Non
6. Le nasique
7. En crachant un jet d'eau sur les insectes avec sa bouche, pour les faire tomber des plantes dans l'eau.
8. Dans l'Antarctique

Index

Les nombres en *italique* renvoient aux animaux des cartes.

D

E

F

G

H

I

J

K

L

M

N

O

P

Q

R

S

Directrice de la collection : Gillian Doherty. Maquette de la collection : Mary Cartwright.
Responsable de la maquette : Stephen Moncrieff. Cartographie : Craig Asquith.
Illustrations complémentaires : Craig Austin, Reuben Barrance, Verinder Bhachu, Richard Cox, Denise Finney, David Hancock, Rebecca Hardy, Philip Hood, Steven Kirk, Stephen Lings, Rachel Lockwood, Malcolm McGregor, Maurice Pledger, Chris Shields, Candice Whatmore, John Woodcock, David Wright.

 ISBN : 0 7460 6856 5.
Pour le Canada : publié par Les éditions Héritage, inc. ISBN : 2 7625 2364 8.

Remerciements

Tous les efforts ont été faits pour retrouver les propriétaires des copyrights. L'éditeur s'engage à rectifier toute omission éventuelle, s'il en est informé, dans toutes rééditions à venir. Il remercie les personnes et organismes suivants pour l'autorisation de reproduire leurs documents (h=haut, m=milieu, b=bas, g=gauche, d=droite) :

Couverture : (hg) © Ralph Henning/Alamy, (b) © Amos Nachoum/Image Bank/Getty Images, (hd) © ANDY HARMER/ SCIENCE PHOTO LIBRARY, (dos) © Digital Vision, (4e de couverture) © Digital Vision ; **Pages de gardes** © Digital Vision ; **p. 1** © SteveBloom.com ; **p. 2** © SteveBloom.com, (fond) © Digital Vision ; **p. 4** (hg) © Niall Benvie/CORBIS ; **p. 5** © Doug Perrine/Seapics.com ; **p. 6** © Joseph Van Os/Image Bank/Getty Images ; **pp. 6-7** © Tim Davis/CORBIS ; **p. 7** © NHPA/ Stephen Dalton ; **p. 8** © Steve Bloom Images/Alamy ; **p. 9** (h) © Hamman, David/Animals Animals/Earth Scenes, (b) © Warren Photographic ; **p. 10** (hd) NHPA/Stephen Dalton ; **pp. 10-11** © M. Iwago/Minden/FLPA ; **p. 11** © Jany Sauvanet/Still Pictures ; **p. 12** © SteveBloom.com ; **p. 13** (hg) © Warren Photographic, (b) © Bob Elsdale/Image Bank/Getty Images ; **p. 14** (bg) © Nat Sumanatemeya/Seapics.com, (hd) © Karen Gowlett-Holmes/OSF/Photolibrary.com ; **p. 15** (h) © John Brown/OSF/ Photolibrary.com, (b) © DIGITAL VISION LIMITED/Powerstock ; **p. 16** (b) © Dr M.S. Mayilvahnan, (h) © NHPA/Stephen Dalton ; **pp. 16-17** © Franco/Bonnard/Still Pictures ; **p. 18** © Frans Lanting/Minden/FLPA ; **p. 19** (h) © NHPA/Daniel Heuclin, (b) © PREMAPHOTOS/Naturepl.com ; **p. 20** © Tui De Roy/Minden/FLPA ; **p. 21** (h) © Joe McDonald/CORBIS, (b) © Karl Ammann/CORBIS ; **p. 22** © Tim Davis/CORBIS ; **p. 23** (h) © Warren Photographic, (b) © M & C Denis-Huot/Still Pictures ; **p. 24** © James D. Watt/Seapics.com ; **p. 25** (h) © SteveBloom.com, (b) © Paul Horsted/Alamy ; **p. 26** (b) © Mark Conlin/Seapics.com ; **p. 26** (m) © Digital Vision ; **pp. 26-27** (h) © Lynda Richardson/CORBIS ; **p. 27** © Warren Photographic ; **p. 28** (b) © Michael & Patricia Fogden/Minden/FLPA, (h) © Michael & Patricia Fogden/CORBIS ; **p. 29** © Anthony Bannister, Gallo Images/CORBIS ; **p. 30** © Kennan Ward/CORBIS ; **pp. 30-31** (h) © Royalty Free/CORBIS ; **p. 31** © Ken Preston-Mafham/Premaphotos Wildlife ; **p. 32** © Dave Watts/Naturepl.com ; **pp. 32-33** © Doug Perrine/Seapics.com ; **p. 33** (bd) © NHPA/Martin Harvey ; **p. 34** © Michael & Patricia Fogden/Minden/FLPA, © Buddy Mays/CORBIS ; **p. 35** © Paul Sterry/Alamy ; **p. 36** (b) © Powerstock ; **pp. 36-37** (h) © Tui De Roy/Minden/FLPA ; **p. 37** © Tui De Roy/Minden/FLPA ; **p. 38** © Theo Allofs/CORBIS ; **p. 39** © Michael & Patricia Fogden/CORBIS, (b) © Mitsuhiko Imamori/Minden/FLPA ; **p. 40** © Malie Rich-Griffith/Alamy ; **p. 41** (b) © Theo Allofs/CORBIS, (h) © Roy Toft/National Geographic Image Collection ; **p. 42** © Genevieve Vallee/Alamy ; **p. 43** © Peter Oxford/Naturepl.com ; **p. 44** © Steve Satushek/Image Bank/Getty Images ; **p. 45** (g) © NHPA/Stephen Dalton, (d) © W. Perry Conway/CORBIS ; **p. 46** (b) © W. E. Garrett/National Geographic Image Collection, (h) © Joe McDonald/CORBIS ; **p. 47** © TeamHusar.com ; **p. 48** © franzfoto.com/Alamy, (fond) © Jim Brandenburg/Minden/FLPA ; **p. 49** © Jeff Vanuga/CORBIS ; **p. 50** © Terry W. Eggers/CORBIS ; **pp. 50-51** © Arizona Art Wolfe/Stone/Getty Images ; **p. 51** © Tim Flach/Stone/Getty Images ; **pp. 52-53** © Masa Ushioda/Alamy ; **p. 53** © Stan Osolinski/OSF/Photolibrary.com ; **p. 54** © M. Watson/ardea.com ; **p. 55** © Frans Lanting/Minden/FLPA ; **p. 56** © fogdenphotos.com ; **pp. 56-57** © Michele Westmorland/CORBIS ; **p. 57** © zefa/ F. Lemmens ; **p. 58** © Martin Harvey/Alamy ; **p. 59** (b) © Anup Shah/Naturepl.com, (h) © Martin Harvey/CORBIS ; **pp. 60-61** © SteveBloom.com ; **p. 61** (h) © Beverly Joubert/National Geographic Image Collection ; **p. 62** © SteveBloom.com ; **pp. 62-63** (h) © Peter Johnson/CORBIS ; **p. 63** (b) © Tony Heald/Naturepl.com ; **p. 64** (g) © Nick Garbutt/Naturepl.com, (bd) © Chris Hellier/CORBIS ; **p. 65** © SteveBloom.com ; **p. 66** © Tom Brakefield/CORBIS ; **p. 67** © Bildagentur Franz Waldhaeusl/Alamy ; **p. 68** © Konrad Wothe/Minden/FLPA ; **p. 69** (h) © Gallo Images/CORBIS, (b) © Dave Watts/Naturepl.com ; **p. 70** © Jose B. Ruiz/Naturepl.com ; **p. 71** (b) © Powerstock, (h) © M. Watson/ardea.com ; **p. 72** © Brian J. Skerry/National Geographic Image Collection ; **p. 73** (h) © Laurie Campbell/RSPB Images, (b) © Bryn Colton/Assignments Photographers/CORBIS ; **p. 74** (h) © Photowood Inc./Alamy, (b) © Anup Shah/Naturepl.com ; **p. 75** © David Kjaer/Naturepl.com ; **p. 76** © Steve Kaufman/CORBIS ; **pp. 76-77** © Felicity Volk/Lonely Planet Images ; **p. 77** (h) © Steve Kaufman/CORBIS, (b) © Mark Yates/Naturepl.com ; **p. 78** © Kenneth Fink/ardea.com ; **pp. 78-79** (h) © StockConnection/Alamy ; **p. 79** © ImageState/Alamy ; **p. 80** © TeamHusar.com ; **p. 81** (b) © Heather Angel/Natural Visions, (h) © Powerstock ; **p. 82** © Timothy Laman/National Geographic/Getty Images ; **pp. 82-83** (b) © Warren Photographic ; **p. 83** © Frans Lanting/Minden/FLPA ; **p. 84** © Photodisc Green/Getty Images ; **p. 85** © Tom Brakefield/CORBIS ; **p. 86** © Jean-Paul Ferrero/Auscape International ; **p. 87** © Doug Perrine/Seapics.com ; **p. 88** © Phil Savoie/Naturepl.com ; **p. 89** © Anup Shah/Naturepl.com ; **p. 90** © Dave Watts/Naturepl.com ; **p. 91** (h) © NHPA/ANT Photo Library, (b) © Jean-Paul Ferrero/ardea.com ; **p. 92** (h) © Nicole Duplaix/National Geographic/Getty Images, (b) © Dave Watts/ ANTPhoto.com.au ; **p. 93** © KLEIN/Still Pictures ; **p. 94** (h) © John Cancalosi/Naturepl.com, (b) © Rob Suisted/ www.naturespic.com ; **p. 95** (h) © Geoff Moon/Natural Visions, (b) © Rob Suisted/www.naturespic.com ; **pp. 96-97** © SteveBloom.com ; **p. 98** © Tom Brakefield/CORBIS ; **pp. 98-99** (h) © Thomas Mangelsen/Minden/FLPA ; **p. 99** © Jim Zuckerman/CORBIS ; **pp. 100-101** (h) © Royalty Free/CORBIS ; **p. 101** © Richard Herrmann ; **p. 102** (bd) © Reinhard Dirscherl/ Alamy ; **pp. 102-103** © NHPA/ANT Photo Library ; **p. 103** (b) © David B. Fleetham/Seapics.com ; **p. 104** © Brandon Cole Marine Photography/Alamy ; **pp. 104-105** (b) © Mark Conlin/Seapics.com ; **p. 105** (h) © Maximilian Weinzierl/Alamy ; **pp. 106-107** © David Shen/Seapics.com ; **p. 108** © Norbert Wu/Norbert Wu Productions ; **pp. 108-109** © Doc White/ Seapics.com ; **p. 109** (d) © Paulo De Oliveira/OSF/Photolibrary.com ; **pp. 110-111** © SteveBloom.com ; **p. 112** (b) © Digital Vision ; **pp. 112-113** (fond) © SteveBloom.com ; **p. 113** © SteveBloom.com ; **p. 114** © NATURAL SELECTION INC./Bruce Coleman ; **pp. 114-115** (h) © Norma Joseph/Alamy ; **p. 115** (b) © Andy Rouse/The Image Bank/Getty Images ; **p. 116** (h) © ART WOLFE/SCIENCE PHOTO LIBRARY, (b) © Ruoso Cyril/Still Pictures ; **p. 117** © Tobias Bernhard/Image Bank/Getty Images.